DIE REIHE
Archivbilder

NEUWIED
ANSICHTEN EINER STADT

Neuwied. Rheinufer.

2

DIE REIHE
Archivbilder

NEUWIED
ANSICHTEN EINER STADT

Lieselotte Sauer-Kaulbach

SUTTON
VERLAG

Sutton Verlag GmbH
Hochheimer Straße 59
99094 Erfurt
http://www.suttonverlag.de

Copyright © Lieselotte Sauer-Kaulbach, 1997

ISBN 3-89702-007-6

Druck: Oaklands Book Services Ltd., Stonehouse | GL, England

Inhaltsverzeichnis

Danksagungen

„Die Fotografie ist erfunden worden, um die Archive der Erinnerung zu bestücken." (Baudelaire)

Ich danke all denen, die mir bei meiner Arbeit geholfen und Fotos zur Verfügung gestellt haben, vor allem den MitarbeiterInnen des Kreismedienzentrums, dessen Leiter, Willi Gabrich, der einen großen Teil der Fotos reproduzierte, den MitarbeiterInnen des Stadtarchivs und insbesondere Friedel Wulf Kupfer, ohne dessen umfangreiche Fotosammlung dieser Band nicht zustande gekommen wäre.

Bibliographie

Meinhardt, Albert. Neuwied Einst und Heute. Mit Feder und Tusche durch das neue Stadtgebiet, Neuwied 1978, 1995 (2. Auflage)

300 Jahre Neuwied. Ein Stadt- und Heimatbuch mit Beiträgen verschiedener Autoren, Neuwied 1953 (zit. als 300 Jahre)

Neuwied. Werden und Wachsen einer Stadt. Begleitheft zur Dauerausstellung im Abteigebäude Rommersdorf, zusammengestellt von J. Mötsch und B. Esch, Landeshauptarchiv Koblenz 1984

Schon seine Vorfahren hatten es versucht: die Gründung einer Stadt am Rhein, die den Machtanspruch der Grafen zu Wied dokumentieren und ihnen zudem als Standbein an dem entlang des Rheins verlaufenden wichtigen Verkehrsweg dienen sollte. Realisiert aber wurde dieses Projekt erst im 17. Jahrhundert durch Graf Friedrich III. zu Wied. Auf sein Gesuch hin überträgt Kaiser Ferdinand III. am 26. August 1653 die dreihundert Jahre zuvor drei wiedischen Dörfern, von denen sich nun nur noch eins im Besitz des Geschlechts befand, gewährten städtischen Privilegien auf die von Friedrich geplante Stadt.

Die Notwendigkeit der städtischen Vorrechte war im Laufe der Jahrhunderte deutlich zutage getreten. So machte beispielsweise die sich nach dem Ende des Dreißigjährigen Krieges abzeichnende Entwicklung der Grafschaft zu einem modernen Beamtenstaat die Zentralisierung der Verwaltung an einer möglichst günstig gelegenen Stelle des wiedischen Territoriums nahezu unabdingbar – von wirtschaftlichen Überlegungen, zu denen sich Friedrich aufgrund seiner stets bedrängten Finanzlage gezwungen sah, ganz zu schweigen. Deshalb stand auch von vornherein fest, daß der Graf sich bemühen mußte, möglichst viele Handel- und Gewerbetreibende für seine Stadt zu gewinnen, um über deren Abgaben seinen schmalen Geldbeutel zu füllen.

Als mögliche Standorte der neuen Stadt boten sich auf dem vergleichsweise schmalen Streifen, mit dem die Grafschaft nach dem Verlust von Engers an das Kurfürstentum Trier noch den Rhein berührte, Fahr und das ehemalige Langendorf an. In Fahr hatte Friedrich mit dem Bau seines Schlosses begonnen. Den Ausschlag für Langendorf gaben wohl politische und verkehrstechnische Argumente. Einerseits lag der Ort nicht in unmittelbarer Nachbarschaft einer kurkölnischen Stadt; andererseits stießen hier durch den gleichfalls wiedischen Westerwald führende Straßen an den Rhein. Die mangelnde Hochwassersicherheit des gewählten Platzes sollte sich erst später zeigen, als die junge Stadt über höhergelegene Teile des alten Langendorf hinauszuwachsen begann.

Wie sehr sich Friedrich gleich zu Beginn bemühte, Ansiedler für seine Stadt zu finden, zeigt das gräfliche Stadtrechtsprivileg von 1662. Mögen es in erster Linie wirtschaftliche Gründe gewesen sein, die den Grafen zu ungewöhnlicher Toleranz allen möglichen Bürgern seiner Stadt gegenüber veranlaßten, „Sie seyen waß Standts / oder Religion sie wollen" – diese Toleranz wird auch unter seinen Nachfolgern ein entscheidendes Kennzeichen von Neuwied bleiben. Wie richtig die Argumentation der Grafen in dieser Hinsicht war, wie sehr sich diese Toleranz tatsächlich auch ökonomisch für die Stadt auszahlte, dokumentiert die Tatsache, daß es ein Jahrhundert später gerade Mitglieder dieser hier von Beginn an umworbenen und tolerierten Glaubensgemeinschaften wie die der Herrnhuter oder der Mennoniten waren, die den Ruhm Neuwieds weit über seine Grenzen hinaus verbreiteten: die Herrnhuter Kunstschreiner Abraham und David Roentgen und der mit diesen eng befreundete mennonitische Uhrmacher Peter Kinzing. Sie lebten und arbeiteten in einer Zeit in Neuwied, die zu den Blütezeiten der jungen Stadt gehörte.

Es war die lange und fruchtbare Regierungszeit des Grafen Friedrich Alexander von 1737 bis 1791. Unter der Regierung des von den Ideen der Aufklärung geprägten Landesherren und geschickten Diplomaten florierte die Grafschaft nicht allein wirtschaftlich, wie etwa im Bereich der Eisenverarbeitung; durch die Bemühungen des Grafen belebten sich auch Kultur und Bildung in bemerkenswerter Weise. Zwar scheiterte der Versuch, ein Philanthropinum mit einem der wichtigsten Vertreter aufgeklärter Pädagogik, Johann Bernhard Basedow, als Leiter dauerhaft zu installieren, und die geplante Akademie unter Führung Christoph Martin Wielands kam, entgegen den Hoffnungen der in der benachbarten Residenz lebenden Wieland-Freundin Sophie La Roche, nie zustande; dennoch wurde in dieser Zeit der Grundstein für die Entwicklung Neuwieds zu einer Stadt der Bildung, insbesondere der Schulen, gelegt. Wieder waren es die Herrnhuter, denen Alexander das Viertel rings um die Friedrichstraße als neue Heimstatt angewiesen hatte, die mit ihren pädagogisch so fortschrittlichen Erziehungsanstalten der Stadt über Deutschland hinaus zu Ansehen verhalfen.

Daß sich Graf Friedrich Alexander darüber hinaus bemühte, ein Theater in seiner Residenz zu etablieren, daß in diesen Jahren das Neuwieder Verlags- und Zeitungswesen blühte und gedieh – 1786 erschienen hier die ob ihres literarischen Stils und ihrer satirischen Spitzen gleichermaßen berühmten „Gespräche im Reich der Todten" des Österreichers Trenk von Tonder –, muß in diesem Zusammenhang erwähnt werden. Nicht weniger, daß sich der Graf um die Erweiterung des Stadtgebietes und seine Bebauung, beispielsweise mit die Baulust befördernden Lotterien, verdient machte, daß er selber das von seinem Vater Friedrich Wilhelm begonnene Schloß weiterbauen ließ.

In den Wirren der Französischen Revolution und deren kriegerischen Nachwehen büßte Neuwied einiges an Glanz ein, um so mehr, als es sich in napoleonischer Zeit weigerte, dem Rheinbund beizutreten. Die ohnehin bedrängte wirtschaftliche Lage der Stadt wurde dadurch noch schwieriger. Das änderte sich erst wieder nach dem Wiener Kongreß von 1815, der die zuvor Nassau zugeschlagenen wiedischen Gebiete, einschließlich der Stadt Neuwied, unter preußische Herrschaft stellte. Das brachte für die Verwaltung der Stadt einschneidende Veränderungen, schaffte aber auch die Voraussetzung für einen neuerlichen Aufschwung. Kennzeichen für diesen Aufschwung waren die weitere Ausdehnung des bebauten Stadtgebiets, der Wiederaufbau bzw. die Neuansiedlung unterschiedlichster Gewerbebetriebe wie der im ehemaligen Herrenhaus untergebrachten „Sanitaets Fabrique von Remy & Co.," die ihre qualitativ hochwertigen Blechwaren, ob Steigbügel, Sporen, Kochgeschirre, Badewannen oder „Sparherde", auch ins Ausland exportierte. Im letzten Viertel des 19. Jahrhunderts intensivierte sich der wirtschaftliche Aufstieg noch. Gerade in diesen Jahren und Jahrzehnten entstehen einige der (noch) „geschlossensten" Straßenzüge der Stadt. Ein gutes Beispiel sind diejenigen links und rechts der Bahnhofstraße, die von repräsentativen Bauten im Jugendstil bzw. in der wilhelminischen Ära flankiert werden. Ähnlich repräsentative Bauten verdrängen auch im alten Stadtgebiet zunehmend die eher bescheidenen Häuser aus barocker Zeit. Die Eingemeindung von Heddesdorf durch „Allerhöchster Cabinettsordre Seiner Majestät" vom 14. Mai 1904 vergrößerte den Stadtbereich erheblich und bestätigt, was in den Jahrhunderten und insbesondere in den letzten Jahrzehnten ohnehin eng zusammengewachsen war.

Der Erste Weltkrieg bremste die wirtschaftliche und städtebauliche Entwicklung vorübergehend, ohne sie jedoch dauerhaft aufhalten zu können. Neue, große Unternehmen, beispielsweise der holz- und metallverarbeitenden Industrie, siedelten sich in den unmittelbaren Vor- und Nachkriegsjahren in Neuwied an und machten aus der Stadt einen Schwerpunkt von Handel, Gewerbe und Industrie am Mittelrhein.

Ende der zwanziger bzw. zu Beginn der dreißiger Jahre wurden zwei der größten Bauprojekte in der Geschichte Neuwieds in Angriff genommen, die auch das Stadtbild entscheidend mitprägten: der Deich, der die Stadt endlich von der Gefahr der Hochwasserfluten befreite und die Rheinbrücke, die endlich die auch wirtschaftlich so dringend benötigte Verbindung zum linken Rheinufer brachte. Schließlich war zu diesem Zeitpunkt die Brücke auf über 150 Kilometern zwischen Mainz und Bonn die einzige feste Möglichkeit, den Rhein zu überqueren.

Was zehn Jahre zuvor vollendet und mit berechtigtem Stolz betrachtet wurde, fiel den Bombenangriffen des Zweiten Weltkriegs zum Opfer, die auch andere Teile der Stadt arg in Mitleidenschaft zogen. Aber es ist ein Zeichen ungebrochener Schaffenskraft, daß schon in den ersten Jahren nach Kriegsende die Brücke aus den Trümmern wieder aufgebaut wird. Die fünfziger und die frühen sechziger Jahre sind nicht allein Zeiten des Wiederaufbaus, sondern auch Zeiten, in denen viele Weichen für das neue, das heutige Neuwied gestellt werden. Zu nennen sind beispielsweise verschiedene Verwaltungsreformen, die alte Gemeindegrenzen aufheben und damit die Voraussetzung für die nochmalige Vergrößerung der Stadt, die nun insgesamt 13 Stadtteile zählt, schaffen. In diesen Jahren endet unser Fotoband, endet der Versuch, rund hundert Jahre dieser kurz skizzierten Entwicklung der Stadt auch im Bild zu illustrieren und vor allem eins nicht vergessen zu lassen, daß es die Menschen sind, die eine Stadt erst ausmachen.

8

1

Die Stadt am Rhein

Jahrhundertelang waren Fähren aufgrund des Fehlens einer festen Brücke die einzige Verbindung Neuwieds zum anderen Rheinufer. Seit 1817 verkehrte die „Gierponte" regelmäßig zwischen Neuwied und Weißenthurm und setzte sowohl Passagiere als auch Kutschen und Fuhrwerke über. Kein Wunder, daß man sie am Ende des 19. Jahrhunderts zum Motiv einer Schmuckkarte machte, die in der unteren linken Ecke das Neuwieder Wappentier, der Pfau, ziert.

Neuwied, Rheinansicht

Der den Fährdienst versehende Raddampfer „Neuwied" hat gerade am Weißenthurmer Ufer festgemacht – beste Gelegenheit zu einem Blick auf die Neuwieder Rheinfront zu Beginn des 20. Jahrhunderts, also noch ohne den Deich. Das Panorama wird beherrscht von dem hohen, schlanken Turm der noch jungen, neugotischen Marktkirche. 1945 wurde er bei einem Fliegerangriff durch Bomben zerstört und durch eine stilistisch eigentlich unpassende stumpfe Bedachung ersetzt.

Neuwied   Am Rheinufer

Unter den Schiffahrtslinien, die in Neuwied ihre Anlegestellen hatten, befand sich auch die Niederländische Schiffsreederei, an deren Steg gerade ein Schiff festgemacht hat; ganz rechts ist das Agenturhäuschen der Reederei zu sehen.

10

„Das moderne, regelrecht nüchterne Neuwied ist uns gleichwohl durch Gewerbefleiß und konfessionelle Duldung wohl empfohlen." Mitte des 19. Jahrhunderts umreißt Karl Simrock in seinem Band über den Rhein kurz, aber treffend den leicht prosaischen Ruf der Stadt an der Mündung der Wied in den Rhein. Platz für geheimnisumwitterte Rheinromantik ist da nicht, und trotzdem zieht auch Neuwied mit seinen großzügigen Rheinanlagen und der Nähe zum Westerwald zu allen Zeiten Gäste an. Kein Wunder, daß die Rheinpromenade in den ersten Jahrzehnten dieses Jahrhunderts zu den beliebtesten Motiven auf Neuwieder Ansichtskarten gehört.

Brücken, die bei Neuwied den Rhein überqueren, hatte es zwar in früheren Jahrhunderten bereits gegeben – bis in die dreißiger Jahre dieses Jahrhunderts hinein aber mangelte es an einer festen Verbindung zum linksrheinischen Ufer. Desto wichtiger war die zwischen Neuwied und Weißenthurm verkehrende Fähre. 1907, in dem Jahr, aus dem die Karte stammt, wurde der Fährbetrieb durch den Dampfer „Neuwied II" versehen, der gerade auf der Weißenthurmer Seite angelegt hat. Ab 1916 übernahm die Stadt Neuwied selber den Fährbetrieb und ersetzte zehn Jahre später den Dampfer durch ein Motorboot.

11

Wenn es auch noch keinen Deich gab – bereits in der ersten Hälfte des 19. Jahrhunderts hatte man damit begonnen, das bis dahin noch weitgehend natürlich belassene Ufer zwischen der Friedrich- und der Schloßstraße durch Kaimauern zu erhöhen und zu befestigen und dadurch widerstandsfähiger gegen die Hochwasserfluten zu machen. 1875 pflanzte man entlang der noch recht jungen Rheinuferstraße zwischen Schloß- und Pfarrstraße eine Allee mit holländischen Linden. Für zusätzliches Grün auch am Rheinufer – dem allgemeinen Bemühen um eine „grüne Stadt" in diesen letzten Jahrzehnten des 19. Jahrhunderts entsprechend – sorgten 1905 angelegte, rechteckig ausgerichtete Beete mit Blumen, Rasen und Koniferen. Über die Anlegestelle der Fähre schweift der Blick von der Neuwieder Uferpromenade hinüber nach Weißenthurm mit seinem Wahrzeichen, dem alten Grenzturm zwischen den Kurfürstentümern Trier und Köln.

Dampfschiffe hatten das Reisen auf dem Rhein ganz entschieden beschleunigt. Strecken, die früher Wochen in Anspruch genommen hatten, ließen sich nun innerhalb weniger Tage bewältigen; gleichfalls verringerten sich die Kosten einer Rheinreise entscheidend. Ausflüge per Dampfschiff wurden deshalb bei Rheinreisenden immer beliebter. Die größte Schiffahrtsagentur, die Köln-Düsseldorfer, richtete schnell auch eine Anlegestelle in Neuwied ein. Hier erkennt man den Raddampfer der Köln-Düsseldorfer vor der Rheinfront der Stadt Neuwied.

12

Eiszeit am Neuwieder Rheinufer. Was heute kaum eintritt, gehörte noch in den ersten Jahrzehnten dieses Jahrhunderts zu den gewohnten Erscheinungen einer Stadt am Rhein. Extrem niedriger Wasserstand, wie auf diesem zu Beginn der zwanziger Jahre aufgenommenen Foto, beförderte das Zufrieren bzw. den Eisgang, erschwerte aber auch das Anlanden und Beladen von Schiffen.

Eisgang auf dem Rhein im harten Winter 1927/28 – ein Ereignis, das Spaziergänger anzieht. Auch auf diesem Bild sind wegen des niedrigen Wasserstandes die schon vor dem Deich errichteten und teilweise recht beachtlichen Ufermauern und -befestigungen zu erkennen. Wo auf unserem Bild vor dem Nillonschen Haus noch ein Baum steht, wird in wenigen Jahren das neue Neuwieder Wahrzeichen, der Pegelturm, den südlichen Abschluß der Kernanlage des Deichs markieren.

Kräne – hier derjenige der Speditionsfirma Melsbach und Weber – erleichterten und beschleunigten zunehmend in den dreißiger Jahren das Be- und Entladen von Schiffen. Die Tage der „Schärjer" waren damit schon 1936, dem Jahr, in dem dieses Foto aufgenommen wurde, gezählt. Der Ausbau der Verladeanlagen am Rhein spiegelt den trotz der schwierigen Zeiten unaufhaltsamen wirtschaftlichen Aufschwung der Stadt wider. Mitte der zwanziger Jahre gibt es in Neuwied rund 1000 Gewerbebetriebe, davon 75 Fabriken, 420 Handwerksbetriebe und 510 Handelsbetriebe (aus: *300 Jahre, S. 259*). In den fünfziger Jahren ist Neuwied immerhin der zweitwichtigste rheinland-pfälzische Hafen für den Umschlag von Schiffsgütern.

14

2

Zeiten im Zeichen der Flut

Hochwasser Neuwied 1882. Rheinufer.

Als sich Graf Friedrich III. für die Gründung einer Stadt entschloß – unabdingbar für das Gedeihen der gesamten Grafschaft – fiel die Wahl des Platzes aufgrund der verkehrsgünstigen Lage auf den relativ schmalen und kurzen wiedischen Streifen. Nur einen wesentlichen Nachteil besaß dieser Platz: er war nicht hochwasserfrei. Dies sollte sich mit zunehmender Ausdehnung der Stadt über den Kernbereich hinaus als ernsthaftes Problem erweisen. Neuwied wurde immer wieder von schweren Hochwasserfluten heimgesucht – wie im Jahre 1882, als diese Aufnahme des Rheinufers entstand.

„Land unter" gilt 1882 auch für die Marktstraße (im Hintergrund rechts die noch im Bau befindliche Marktkirche). Und selbst wenn sich die Menschen, wie dieses und die folgenden Bilder zeigen, zu helfen wissen und sich per Boot fortbewegen oder über Stege balancieren – die enormen Schäden, die die Fluten der Stadt zu wiederholten Malen zufügten, sind im Nachhinein kaum zu kalkulieren.

Vierzig Jahre später, bei dem verheerenden Hochwasser von 1925/26, das gleiche Bild. Auch Geschäfte und Restaurants in der Marktstraße werden von den von zwei Seiten vordringenden enormen Wassermengen überflutet.

16

Dieses Bild des überschwemmten Luisenplatzes (1882) dokumentiert beispielhaft die besondere Gefährdung Neuwieds, die sich daraus ergab, daß in Überschwemmungszeiten nicht allein Wasser vom Fluß her langsam vordrang, sondern daß auch der alte Flußlauf sich wiederbelebte und vehement alles überflutete. „Der Rhein überschwemmt die ganze Stadt, mit Ausnahme der Viertel des späteren 19. Jahrhunderts, die auf den Bahnhof zu gelegen sind, und zugleich den rückwärtigen Verbindungsweg nach Heddesdorf" (aus: *300 Jahre, S. 540*). Daran sollte sich bis zum Bau des Deichs nichts ändern.

1929/30 – unmittelbar vor dem Bau des Deiches – ist auch in der 1843 gegründeten, in der Engerser Straße gelegenen Strüderschen Buchdruckerei, die bis 1937 die „Neuwieder Zeitung“, die wichtigste Heimatzeitung verlegte, wegen der Wassermassen der Zugang nur über den ersten Stock möglich.

1919/20 müssen die Bewohner des Hauses in der Engerser Straße per Boot und Leiter in die obere Etage einsteigen. Dies war die erste von zwei Überschwemmungskatastrophen innerhalb von nur fünf Jahren.

Hochwasser Neuwied 1882. Se. Durchlaucht Fürst Wilhelm zu Wied im Nach

Aufgrund ihrer exponierten Lage am Rheinufer zählte die Mennonitenkirche zu den ersten überfluteten Gebäuden, wie beim Hochwasser von 1882. Boote sind die einzigen Fortbewegungsmittel, derer sich auch Fürst Wilhelm zu Wied (links im rechten Boot) bedienen muß.

Hochwasser Neuwied 1882. Schlossstrasse.

Nicht besser ist die Situation für die sich stadteinwärts an die Mennonitenkirche anschließen-
den Häuser entlang der Schloßstraße. Pioniere aus den Koblenzer Kasernen erweisen sich schon
1882 als willkommene Helfer in der Not, bauen Stege, befördern die Neuwieder in Booten zu
ihren Häusern und sichern die Versorgung der vom Wasser Eingeschlossenen.

Der Blick durch die Schloßstraße in Richtung Rhein zeigt vielleicht am eindrucksvollsten die
verheerende Situation. Das Hochwasser von 1882 war nicht die erste schwere Überflutung in
der Geschichte der Stadt und sollte auch nicht die letzte sein. Die immer wieder in Angriff
genommenen Schutzmaßnahmen, z.B. Dämme und Weidenpflanzungen, konnten dies nicht
verhindern.

20

Hochwasser Neuwied 1882. Mittelstrasse

Not macht erfinderisch. Wer kein Boot sein eigen nennt, wandelt, wie hier ein Betroffener des Hochwassers von 1882 in der Mittelstraße, Türen in Flöße um, die ihm die Fortbewegung erlauben.

1919/20 steigt das Wasser auch in der Friedrichstraße unaufhaltsam an. Zu den überfluteten Gebäuden zählen die Häuser des Herrnhuter-Viertels, darunter die 1920 in „Zinzendorf-Schule" umbenannte Mädchenanstalt der Brüdergemeine an der Ecke Friedrichstraße/Engerser Straße. Es war sicher diese Flut und das so schnell folgende Hochwasser von 1925/26, die entscheidend dazu beitrugen, die Pläne für den Bau des Deichs zu befördern.

21

Mag die Situation in den Außenbezirken der Stadt auch weniger dramatisch erscheinen – verschont bleiben sie nicht von den Wassermassen, wie dieses Foto von 1925/26 zeigt. Am linken Bildrand die „Kruppschen Häuser". Der Essener Unternehmer Krupp hatte 1871 die 1857 gegründete Hermannshütte erworben, deren Schornsteine neben den Häusern zu erkennen sind. In ihr wurde Eisenerz von der Lahn, der Mosel und aus dem Wiedischen Territorium mit Koks aus dem Saar- und Ruhrgebiet verhüttet. Wegen eines Arbeiterstreiks wurde die Hermannshütte 1925 geschlossen. Das Haus rechts markiert das damalige Ende der Rheinstraße.

3

Großprojekte – Deich und Brücke

Frohe Festtage aus Neuwied/Rh.

„Das Stadtbild hat keineswegs gelitten, es hat im Gegenteil nicht unwesentlich gewonnen...".
Mit diesen Worten begrüßte die „Rhein- und Wied-Zeitung" 1931 die Vollendung des Deiches
nach dreijähriger Bauzeit. Immerhin avancierte der wie ein Säulentempel anmutende, zehn
Meter hohe Pegelturm am südlichen Ende der zentralen Deichmauer rasch zu dem Neuwieder
Wahrzeichen schlechthin, beliebtes Motiv sogar auf einer Weihnachtskarte aus den fünfziger
Jahren.

Robert Krups (im Vordergrund), den hier eine Aufnahme des angesehenen Neuwieder Fotografen Albert Eisele 1907 als Student zeigt, war der Bürgermeister, der die schon seit langem bestehenden Pläne zum Bau eines Hochwasserschutzdeiches in die Tat umsetzte. Verheerende Überschwemmungen auch in den zwanziger Jahren beseitigten die letzten Bedenken wegen der Inangriffnahme eines solch großen Projekts, das die Stadt auf Jahre hin finanziell belasten sollte.

Nachdem der Stadtrat im Mai den Beschluß zur Verwirklichung des Deichbauprogramms gefaßt hatte, begannen im Herbst 1928 die Bauarbeiten, die sich, beeinträchtigt durch harte Winter und neuerliche Hochwasserfluten, über drei Jahre hin erstreckten und insgesamt für die siebeneinhalb Kilometer lange Anlage 7,7 Millionen Reichsmark erforderten. Um Platz zu schaffen für den neuen Deich, mußten ganze Häuserzeilen am Rheinufer gesprengt werden.

Sicherlich hatte auch gerade diese unumgängliche Sprengung von Häusern mit dazu geführt, daß den Ratsherren, trotz aller Vorteile für die Stadt, der Entschluß zum Bau eines Deiches nicht leichtgefallen war. Der Aufwand war insgesamt erheblich: allein mehr als 430 000 cbm Boden – das entspricht 60 000 vollbeladenen Eisenbahnwaggons – mußten bewegt werden.

Noch einige eindrucksvolle Zahlen zum Deichbau, der auch als Notstandsarbeit in wirtschaftlichen Krisenzeiten von erheblicher Bedeutung war und 2459 Arbeiter beschäftigte: der Kern des Erddamms erforderte 14 300 cbm undurchlässigen Westerwälder Ton, ummantelt von 207 000 cbm Hochflutlehm; zur Füllung der Deichmauer und als Unterbett für das Böschungspflaster wurden 88 000 cbm Kies verwendet. Eingesetzt wurden außerdem 33 500 Tonnen Grauwacke, Basalt- und Lavasteine.

Um sicherzustellen, daß das vergleichsweise leichte Erdreich im Uferbereich das Gewicht der 600 Meter langen und vier bis fünf Meter hohen Mauer im Kernbereich der Deichanlage von der Schloß- bis zur Friedrichstraße tragen würde, wurden 2000 sieben- bis achteinhalb Meter lange Eisenpfähle in den Boden getrieben, die einen tragfähigen Rost bildeten. Vor der Mauer eingelassene, bis in eine Tiefe von elf Metern reichende Spundwände sollten die Unterspülung der Mauer durch Hochwasser verhindern.

26

Selbst wenn sich das Bild des Neuwieder Rheinufers nach Vollendung des Deichs völlig gewandelt hatte – verschandelt durch diese „chinesische Mauer" wurde es nicht. Den preisgekrönten Plan für die Gestaltung des zentralen Abschnitts des Hindenburg-Deichs hatte der Düsseldorfer Architekt Walter Furthmann geliefert. Den krönenden Abschluß dieses Teils bildet das Neuwieder Wahrzeichen, der Pegelturm; dahinter erkennt man die neue Hermann-Göring-Brücke, an der noch gebaut wird.

Die Neuwieder und die Besucher der Stadt akzeptierten rasch die neugeschaffene Uferpromenade als beliebten Spazierweg – um so mehr, als gleich auf dem Deich das ebenfalls nach den Plänen Furthmanns in der Mitte des zentralen Deichabschnitts errichtete Café „Deichkrone" zur Rast einlud.

27

Großzügig bemessene Fenster ermöglichten dem Gast ein abwechslungsreiches Panorama auf Deich und Strom. 1931, im Jahr der Vollendung des Deichs, befahren noch zahlreiche Dampfschiffe den Rhein. Im Hintergrund, am nördlichen Ende des Deichs, befindet sich eines der Pumpwerke, die ein allzu bedrohliches Ansteigen des Grundwassers verhindern sollen, das auch der Deich nicht völlig ausschließen konnte.

Aus der Vogelperspektive betrachtet wirkt die „Deichkrone" wie ein Schiff und war ein geschätztes Motiv auch auf Ansichtskarten. Furthmann nahm damit geschickt Bezug auf den vorbeifließenden verkehrsreichen Rhein und unterbrach mit diesem Bau die mögliche Monotonie einer so gewaltigen Mauer.

Im Oktober 1931 war das imposante Bauwerk vollendet. Bürgermeister Robert Krups (vierter von links) darf auf das Projekt stolz sein, dessen Finanzierung der Neuwieder Reichs- und Landtagsabgeordnete Eduard Verhülsdonk durch intensive Kontakte mit den zuständigen Berliner Behörden, die Staatsmittel zur Verfügung stellten, entscheidend befördert hatte. „Noch gerade zur rechten Zeit, bevor die Wirtschafts- und Finanzkatastrophe über unser Volk hereingebrochen ist, konnte das Werk [...] fertiggestellt werden," urteilt die „Rhein- und Wied-Zeitung" und äußert darüber hinaus die Hoffnung, daß der „Neuwieder Deichbau da stehen (möge) als ein Symbol kraftvollen Willens zur Abwehr von Not und Gefahr ...".

Ein Lastschiff hat vor dem gerade fertiggestellten Deich angelegt. Noch nicht begonnen haben die Bauarbeiten an der seit langem geplanten Brücke über den Rhein, die Neuwied – schon aus wirtschaftlichen Gründen mittlerweile unverzichtbar – mit dem anderen Ufer verbinden soll. Hafenarbeiter, die Neuwieder „Schärjer" – auch sie ein Wahrzeichen der Stadt, denen man in den achtziger Jahren dieses Jahrhunderts gar ein Denkmal setzen wird – sind mit ihren „Schorreskarren" dabei, das Schiff zu beladen, so wie sie es seit den Gründerjahren von Neuwied taten.

29

„Feuerprobe" für das Deichtor an der Pfarrstraße. Damals (1931) wie heute ist die Feuerwehr für das aufwendige Schließen der Deichtore zuständig; damals wie heute signalisiert der Vorgang das Herannahen einer neuen Hochwasserflut, von der Neuwied nun glücklicherweise verschont bleibt.

Dieses im Sommer nach der Fertigstellung des Deichs aufgenommene Foto von Deich und Pegelturm zeigt noch einmal vorzüglich die beeindruckenden Ausmaße der Anlage. Hinter dem Deich befindet sich das 1928 bezogene neue Bootshaus des GTRVN, des 1882 gegründeten „Gymnasial-Turn-Ruder-Vereins Neuwied", dessen Mitglieder nun ihre Boote über Treppen zum Rhein befördern müssen.

Für Neuwied, wenn auch aus ganz unterschiedlichen Gründen, nicht minder wichtig ist das zweite Großbauprojekt, das in den dreißiger Jahren endlich in Angriff genommen wird: die Rheinbrücke. Seit dem Ende des 19. Jahrhunderts waren die verkehrstechnisch und wirtschaftlich begründeten Forderungen nach einer Brücke immer dringlicher geworden, zu deren Fürsprecher sich der „Verein zur Wahrung städtischer und gewerblicher Interessen" gemacht hatte. Bis diese Forderungen erfüllt wurden, dauerte es aber noch einmal 30 Jahre. Erst nach Abschluß des einen Großprojekts, des Deichs, wurde 1933 beschlossen, den Brückenbau in Angriff zu nehmen.

Am 21. März 1934 ist es endlich soweit: der Grundstein für die Rheinbrücke wird gelegt. Unter den zum ausgeschriebenen Wettbewerb eingereichten Vorschlägen wählte man wiederum den Plan des Architekten Furthmann aus, der eine Balkenbrücke entworfen hatte. Diese, so die Begründung für die Entscheidung, füge sich am besten, ohne Schaden für das Stadtbild, in die Landschaft ein. Bereits im Herbst des Jahres stehen die vier Brückenpfeiler; im Laufe des folgenden Jahres werden die Brücke und die zu ihr hinführenden Auffahrten vollendet. Die enorme Bedeutung der Rheinbrücke erhellt nicht zuletzt die Tatsache, daß sie damals zwischen Bonn und Mainz auf 160 Kilometern die einzige feste Möglichkeit bot, den Rhein zu überqueren.

32

Am 3. November 1935 wurde die neue Rheinbrücke dem Verkehr übergeben. 457 Meter lang war das Bauwerk, inklusive der Auffahrten insgesamt 1300 Meter und überquerte in einer Höhe von neun bis zehn Metern den Fluß. „Als Krönung der bisherigen Aufbauarbeit wird (nun) die neuerbaute Rheinbrücke [...] dem Verkehr übergeben." (aus *300 Jahre, S. 279*) konstatiert mit berechtigtem Stolz Bürgermeister Robert Krups in seiner Rede an die Neuwieder Bürger, denen er für die Opferbereitschaft und den Fleiß, mit dem sie die großen Projekte der vergangenen Jahre mitgetragen hätten, dankt. „Durch all diese Maßnahmen hat das äußere Bild der Stadt starke Veränderungen erfahren. Ihr Gesicht ist freundlicher, ihr Pulsschlag lebhafter geworden."

Eine eigene Brückenwache sollte während des Zweiten Weltkrieges die Zerstörung der Rheinbrücke verhindern. Hier ist die Wache an der zur Brücke hinaufführenden Treppe auf dem Neuwieder Ufer zum Foto angetreten.

Am 16. Januar 1945 fiel die Rheinbrücke, zehn Jahre zuvor mit soviel Stolz gefeiert, den amerikanischen Bombenangriffen zum Opfer. Es war der dritte und letzte Fliegergroßangriff auf Neuwied, der nicht allein die Brücke zerstörte, sondern zahlreiche Häuser im Südosten der Stadt.

Das Fehlen einer Rheinbrücke machte sich schon in den ersten Monaten nach Kriegsende überaus schmerzlich bemerkbar, so daß die Besatzungsmächte im Sommer 1945 eine hölzerne Behelfsbrücke, die zunächst nur für Fußgänger begehbar war, errichteten. Der starke Eisgang im Winter 1946/47 beschädigte jedoch die leichte Konstruktion so stark, daß die Brücke im Februar 1947 zusammenstürzte. Noch im gleichen Jahr wird damit begonnen, aus den Teilen der alten Brücke, soweit sie noch wieder verwendbar waren, eine neue Rheinbrücke zu bauen, die eineinhalb Jahre später fertiggestellt war.

34

4

Kriegszeiten und deren Vorboten

Neuwied im Herbst 1944. Zerstörung bestimmt das Bild. In der Nacht vom 1. auf den 2. März dieses Jahres waren Bomben auf die Stadt abgeworfen worden; der erste Fliegergroßangriff trifft Neuwied am 8. September 1944. Fast 200 Menschen fallen ihm zum Opfer. Die Schäden in der Innenstadt sind groß, betroffen sind auch Häuser in der Marktstraße, wie das ehemalige Textilhaus Frede an der Ecke Marktstraße/Luisenplatz; links unten im Bild der Verkehrspavillon. Bomben haben gleichfalls die St. Matthias-Kirche (im Bildhintergrund) beschädigt, die großen Fenster im Chor und in den Seitenschiffen zerstört.

„Zur Reparatur in Neuwied". Das Schild verrät Galgenhumor, zählen doch diejenigen, die sich hier dem Fotografen gestellt haben, zu den Verletzten, die während des Ersten Weltkriegs in dem in Neuwied eingerichteten Lazarett behandelt wurden. Die ersten 550 Verwundeten, Soldaten und belgische und französische Kriegsgefangene, waren bereits im August 1914 in der Stadt eingetroffen.

Wegen des großen Bedarfs wurde im Gebäude der Mädchenschule der Brüdergemeine in der Friedrichstraße ein Reservelazarett für die Verwundeten des Ersten Weltkriegs eingerichtet. Zusätzlich zu den Verletzten waren in der Stadt bis zum November 1916 auch 255 Kriegsgefangene im Lager in der Fabrik Muschner am Heddesdorfer Berg untergebracht, die größtenteils bei Rasselstein und in der Hermannshütte arbeiteten. In der Endphase des Ersten Weltkriegs, im Juli 1918, erlebte die Stadt den ersten Fliegerangriff ihrer Geschichte; eine deutsche Jagdstaffel drängte jedoch die amerikanischen Bomber zurück.

36

Ob man es wahrhaben will oder nicht: gut ein Jahrzehnt nach Ende des letzten Krieges, zu Beginn der dreißiger Jahre, kann die bedrohliche Braunfärbung der politischen Landschaft auch in Neuwied nicht mehr übersehen werden. Der Aufmarsch der Stahlhelme durchzieht die Hermannstraße, vorüber an heruntergelassenen Jalousien, die noch ein deutliches Bekenntnis ablegen gegen das, was sich auf der Straße abspielt.

Brot und vor allem auch Spiele werden zum Mittel der Ablenkung von wenig lauteren Motiven, Spiele wie das 1934 oder 1935 veranstaltete Motorradgeschicklichkeitsfahren auf dem Jahnplatz, das von der NSKK kontrolliert und bewertet wird.

Üben für den Ernstfall steht 1945 auf dem Plan für die Frauen der Orts-Kreisstelle Neuwied des Reichsluftschutzbundes, die in Oberbieber vor ihrem Löschwagen in voller Montur posieren.

Die NSV, die Nationalsozialistische Volksfürsorge, stellt sich betont volkstümlich dar in einem Umzug zum Tag der Arbeit am 1. Mai. Der Zug bewegt sich auf dem Foto gerade durch die Marktstraße, in der man noch die Schienen der 1901 eingerichteten Straßenbahn erkennt.

Auch während des Zweiten Weltkriegs wurde das Haus des Städtischen Obergymnasiums in der Hermannstraße für militärische Zwecke verwendet, bis zum September 1944, als der schwere Bombenangriff das Gebäude so stark beschädigte, daß eine weitere Nutzung unmöglich war.

Die Särge der Opfer des ersten Fliegerangriffs auf Neuwied vom 1./2. März 1941 werden, bedeckt mit Hakenkreuzfahnen, auf von Pferden gezogenen Wagen zum Friedhof gefahren. Der Angriff hatte 12 Menschen das Leben gekostet.

Neuwied 1946/47. Die Wunden, die der Krieg der Stadt zugefügt hat, sind noch überall zu spüren, wie hier in der Engerser Straße. 136 Häuser bzw. öffentlich oder wirtschaftlich genutzte Gebäude wurden von Bomben zerstört. Noch erschwert die schlechte finanzielle Lage ihren Wiederaufbau; das ändert sich erst ab 1948, nach der Währungsreform.

40

„Unsere Stadt steht vor einem neuen Abschnitt ihrer Geschichte. Auch das hat dieses auf Terror, Gewalt und Unrecht aufgebaute nationalsozialistische System fertiggebracht, daß unsere einst so saubere und gepflegte Stadt in vielen Teilen kaum wiederzuerkennen ist. Trümmer und Schutt sind ihr Erbe und die verheißenen „luftigen Wohnungen". [...] Die Lage der Stadt war noch nie so ernst wie jetzt. Scham und Wut im Herzen, räumen wir mit dem Schutt die Schuldigen und ihre Spuren radikal aus." Der Aufruf, den Bürgermeister Schweizer, der am 8. Juni 1945 das Amt des Stadtoberhaupts übernommen hatte, in der ersten Ausgabe des „Amtlichen Anzeigers für Stadt und Landkreis Neuwied" an die Bevölkerung richtete, mag vielen aus dem Herzen gesprochen haben, nicht zuletzt denjenigen, die, wie die Bewohner dieses Hauses, nur noch vor den Trümmern ihrer Habe standen.

41

Auch die 1945 begonnene Sprengung der Schutzbunker ist letztlich nichts anderes als Teil des Versuchs, die Folgen des Krieges so rasch wie möglich zu beseitigen.

42

5

Straßen und Plätze im Wandel

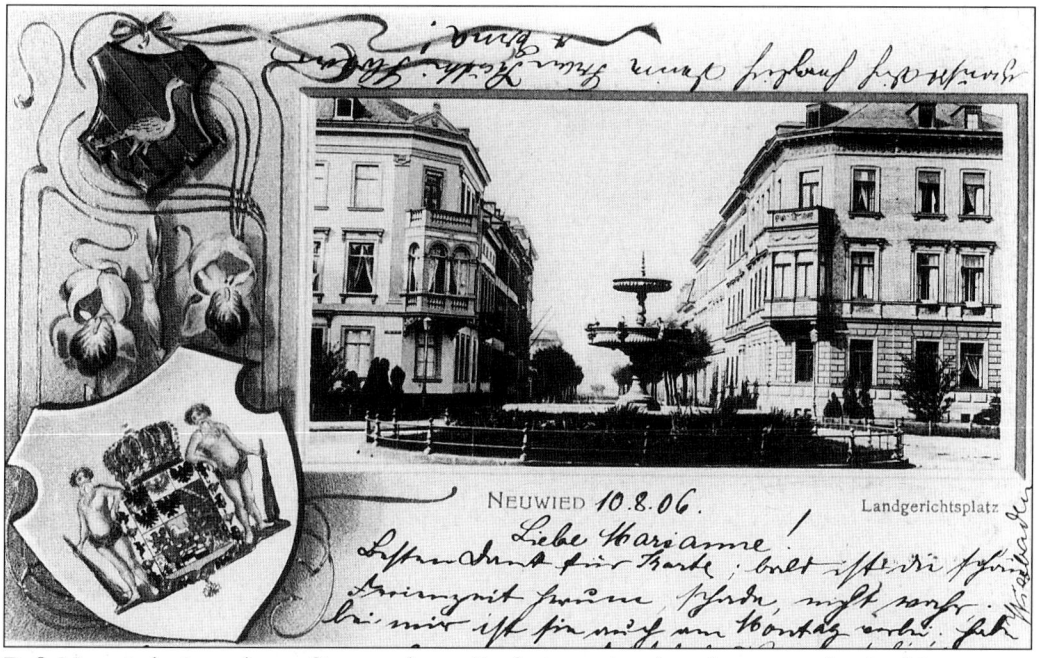

NEUWIED 10.8.06.   Landgerichtsplatz

Daß Neuwied eine planmäßig angelegte Stadt ist, zeigt der überwiegend schachbrettartige Straßenverlauf der Innenstadt. Erstreckte sich die Stadt Anfang des 18. Jahrhunderts noch kaum über die heutige Engerser Straße im Nordosten und den Marktplatz im Süden hinaus, so wuchs sie in den folgenden Jahrhunderten rasch. Ab der preußischen Zeit, in der Neuwied zur Kreisstadt avancierte, ist dabei der Trend zum repräsentativen, mehrstöckigen Stadthaus unverkennbar. Beispielhaft dafür mag der Landgerichtsplatz stehen, festgehalten auf einer 1906 verschickten Karte. Den beiden gezeigten Häusern gegenüber liegt das Gebäude des 1849 gegründeten Kreisgerichts, das 30 Jahre später Amt- und Landgericht wurde.

Auch die östlich am Marktplatz vorüberführende Pfarrstraße zählt zu den relativ alten Straßen der jungen Stadt. Auf dem Marktplatz erkennt man die um 1900 noch recht jungen Lindenbäume. Rechts im Bild das ab 1912 bis in die jüngste Vergangenheit hinein als Rathaus fungierende „Herrenhaus", das Graf Franz Karl Ludwig zu Wied 1740 als größtes Haus der Stadt zu dieser Zeit erbauen ließ.

„Und auff daß Viertens die Statt Zu beßerem auffnehmen und Vergrößerung gelangen möge / So haben Wir Vier Jahrmärckte / Deren Drey Von Alters zu Oberbieber geweßen / daselbsthien transferirt / und angelegt / wie gleichfalls einen WochenMarckt anzustellen erlaubet ...". So heißt es im Gräflichen Stadtrechtsprivileg Graf Friedrichs III. von 1662. Der in ihm den Bewohnern der Stadt erlaubte Wochenmarkt sollte die Jahrhunderte überdauern und findet noch heute, wie 1905, auf dem Marktplatz statt.

44

Die Höhere Töchterschule zieht 1877 mit der Stadtverwaltung zusammen in das ehemalige Herrenhaus ein. Schülerinnen haben sich zu Beginn dieses Jahrhunderts vor dem Kriegerdenkmal auf dem Marktplatz zum Gruppenfoto postiert. Als die Schule Vollgymnasium wurde, wuchs ihr Raumbedarf, so daß sie bis 1912, bis zu dem Zeitpunkt, da sie als „Oberlyzeum" ihr neues Haus in der Hermannstraße beziehen konnte, das ganze Gebäude beanspruchte.

45

Den gesamten Bildvordergrund nimmt das Herrenhaus ein, 1908 noch Sitz der Höheren Töchterschule. Das war nur eine der vielen Nutzungen, die das Haus im Laufe seiner wechselvollen Geschichte erlebte. 1765 hatte es Graf Franz Karl Ludwig zu Wied, der Bruder des regierenden Grafen Alexander, der Stadt für die Armen- und Waisenpflege überlassen. Das Unternehmen gestaltete sich jedoch finanziell zu aufwendig, so daß der Stadtrat 1773 das Haus zunächst verpachtete und 1784 an die Firma Remy & Barensfeld verkaufte. Sie verarbeitete die Schwarzblechabfälle des Rasselstein zum seinerzeit berühmten „Pfauenblech", qualitätvollem, teilweise emailliertem Haus- und Sanitätsgeschirr und anderen Eisenwaren.

Die Friedrichstraße gibt in ihrem unteren Teil den Blick frei auf die 1908 noch nicht durch den Deich geschützte Rheinpromenade. Jenseits der Kirchstraße hatten auch entlang der Friedrichstraße ab 1758 die Herrnhuter Brüder, denen Graf Alexander ab 1750 Freistatt gewährt hatte, ihre Häuser errichtet. Diese waren Teil eines speziellen Stadtviertels, zu dessen Anlage sie der Graf ermunterte.

46

Jüngeren Datums ist, wie schon die Autos belegen, dieses Foto der unteren Marktstraße. Die Fahrzeuge tragen noch die Kennzeichen der französischen Besatzungszone, der Neuwied nach dem Ende des 2. Weltkriegs angehörte. Rechts im Bild die Brennerei Friedrich Hassbach, eine von 30 (!) Branntweinbrennereien im Neuwied des 19. Jahrhunderts. 1818 übernahm sie der Kaufmann Friedrich Hermann und produzierte nicht nur den „Original Neuwieder Doppelkümmel", sondern auch den nicht weniger bekannten Kräuterlikör „Siwe-Siwe".

1907, im Jahr dieser Aufnahme, ist auch die Marktstraße bereits über die Hermannstraße hinaus verlängert und bietet mit ihren Häusern ein vorzügliches Beispiel für die Architektur des 19. Jahrhunderts, die städtisch-repräsentative, mehrstöckige Bauten bevorzugte. Einzige Ausnahme: das niedrige zweite Haus rechts, das der 1874 gegründete Leseverein 1893 erworben hatte. Der Leseverein war einer von zahlreichen Vereinen, die sowohl dem Anwachsen der katholischen Gemeinde in Neuwied wie dem zunehmend regeren gesellschaftlichen Leben in dieser Zeit Rechnung trugen.

Gerade erst fünf Jahre alt ist 1913 die Städtische Badeanstalt, die von 1906 bis 1908 an Stelle der alten katholischen Kirche als Stiftung des später zum Ehrenbürger der Stadt ernannten Beigeordneten Julius Remy gebaut worden war. Die Fassade mit ihrem mehrteiligen, halbrunden Fenster zeigt deutliche Einflüsse des Jugendstils.

48

In der Marktstraße befand sich auch das Geschäftshaus Albin Rosenhains, Klempner und Installateur, der außerdem Haus- und Küchengeräte verkaufte. Das Foto zeigt das großzügig angelegte Haus im Jahre 1914.

Zum 100. Jubiläum der Neuwieder Schützengesellschaft zieht 1933 ein Festzug durch die Markt-straße. Die Schützengesellschaft war 1833 ins Leben gerufen worden und bildete zunächst, genau wie die „Bürgerwache", einen Teil der „zum Schutze der Personen und des Eigenthums" (aus *300 Jahre, S, 220*) gegründeten Bürgerwehr.

Auch die Feuerwehr beteiligt sich mit ihrem Spritzenwagen Mitte der zwanziger Jahre an einem Festzug, den das Foto auf seinem Weg durch die Kirchstraße zeigt. Sie ist eine der ältesten Straßen der Stadt und bildete vermutlich die Längsachse der ehemaligen Siedlung Langendorf, an deren Stelle Graf Friedrich III. „seine" Stadt zu gründen beschloß. Ende des 17. Jahrhunderts galt der Bereich dieser Straße noch als Vorstadt, so daß ein gräfliches Privileg all denen besondere Freiheiten zusicherte, „welche in der Kirchgaße vnd daherumb Newe Häuser bauen werden". (aus: *300 Jahre, S. 73*)

50

Von der Herrnhuter Brüdergemeine im Verlauf von 150 Jahren errichtete Häuser bestimmen das Bild in diesem Teil der Engerser Straße, das um 1905 aufgenommen wurde. Die vielen Kinder im Bild zeugen von den nahen Schulen der Brüdergemeine. Die Mädchenanstalt war im gerade noch angeschnittenen Haus auf der linken Bildseite untergebracht.

„Näiwidder Schärjer" be- und entluden nicht allein Schiffe, sondern brachten zu Beginn dieses Jahrhunderts auch noch die Waren mit ihren Karren gleich in die Geschäfte, wie hier in der Engerser Straße. Der Abschnitt zwischen Mittel- und Marktstraße weist sehr unterschiedliche Häuserformen auf, noch die einstöckigen, im unteren Teil aus Mauer- und oben aus Fachwerk errichteten Häuser aus der Gründungszeit der Stadt, daneben aber auch schon mehrstöckige Geschäftshäuser aus dem 19. Jahrhundert.

51

Auch 1903, in dem Jahr, als die Karte abgestempelt wurde, mitten im Herzen der Geschäftszone Neuwieds: das von Ernst Gronemeyer fotografierte, 1900 erbaute Haus an der Ecke Engerser Straße und Mittelstraße. Im Nachbarhaus rechts ist der Gasthof zu den „Drei Königen" untergebracht; im Nachbarhaus links, in der Engerser Straße, das von der Witwe weitergeführte Kaffeegeschäft Mathias Schliefers.

Aus dem renommierten Atelier des Hoffotografen Albert Eisele stammt dieses Foto, das in den zwanziger Jahren die städtische Müllabfuhr bei ihrer Arbeit in der Engerser Straße zeigt. Im Hintergrund das Chorhaupt der Marktkirche, dahinter, an der Ecke Markt- und Engerser Straße, das Haus der traditionsreichen Buchhandlung Kehrein.

52

Einen Hinweis auf die Zeit der französischen Besatzung geben die Kennzeichen der Autos, die auf diesem von Th. Plaire aufgenommenen Foto bereits zahlreich die Mittelstraße befahren bzw. dort parken.

Auffälliger vielleicht noch als die Straßen veränderten sich immer wieder die Plätze der Stadt. Der Luisenplatz, Nachfolger der um 1750 gleich platzartig breit angelegten „Louisen-Straße", ist ein mustergültiges Beispiel dafür. Ursprünglich befanden sich in der Mitte dieser Straße vier rechteckige Zierteiche, deren letzter um 1830 zugeschüttet wurde (aus: *Neuwied Einst und Heute*, S. 50). In dieser Zeit wurde auch der Platz mit einem Geländer eingefaßt und alleeartig mit zwei Reihen Linden bepflanzt. Links und rechts davon richtete man Fahrspuren ein. In der Allee wurde noch zu Beginn dieses Jahrhunderts, der Zeit, aus der das Foto stammt, bis zum Beginn des Ersten Weltkriegs ein Wochenmarkt abgehalten. Bereits Mitte der dreißiger Jahre begann dann der Verkehr über den Luisenplatz zu rollen, wurden die Baumreihen einem Autobusbahnhof geopfert, der erst wieder verschwand, als auch dieser Platz, wie die Mittelstraße, zur Fußgängerzone umgestaltet wurde.

Häusern an Kreuzungen fällt eine besondere Funktion im Stadtbild zu. Mustergültig zeigt dies das mehrstöckige Geschäftshaus an der Ecke Mittelstraße/Engerser Straße, das zu Beginn dieses Jahrhunderts noch in seinem vollen wilhelminischen Glanz prangt. Es ist eines der zahlreichen Beispiele für die rege Bautätigkeit ab der zweiten Hälfte des 19. Jahrhunderts, entsprechend dem wirtschaftlichen Aufschwung der Stadt, der gesamtwirtschaftlichen Lage Deutschlands. Nicht nur ganz neue Straßenzüge entstanden in dieser Zeit; auch im Bereich der Altstadt wurden Baulücken gefüllt und Großbauten begonnen, die die bescheidenen kleinen Häuser aus den ersten zwei Jahrhunderten der Stadt verdrängten.

Beispiele für diese rege Bautätigkeit finden sich auch in der Mittelstraße, damals, um die Jahrhundertwende, wie heute eine der Hauptgeschäftsstraßen Neuwieds. Gleichermaßen großzügig wie repräsentativ in seiner Fassadengestaltung ist das Geschäftshaus Flatow (Einkaufshaus Leonhard Tietz Aktiengesellschaft).

Mitten in der zu Jahrhundertbeginn noch „katzenkopf"-gepflasterten Altstadt: der Kreuzungspunkt von Mittel- und Kirchstraße mit den unterschiedlichsten Geschäften, Restaurants und Cafés. Im Hintergrund: der Turm der Marktkirche, die 1881-84 an Stelle der alten reformierten Kirche erbaut worden war.

Nur wenige Jahre später als die Marktkirche, 1899-1904, wurde die St. Matthiaskirche gleichfalls als neogotischer Hallenbau errichtet, deren Turm hier point de vue in einem 1951 aufgenommenen Foto der oberen Mittelstraße ist. Auf die Besatzungszeit deutet die französische Buchhandlung links im Bild.

56

Casino

Die Schloßstraße, 1906 fotografiert. Das dritte Haus auf der rechten Seite ist das 1825/26 errichtete Casino-Haus. 1899 wurde das Haus, das man zwischenzeitlich schon durch die Einrichtung eines großen Saales und mehrerer Gesellschaftsräume erheblich erweitert hatte, umgebaut, denn immerhin wuchs die Gesellschaft bis in die zwanziger Jahre dieses Jahrhunderts hinein kontinuierlich bis auf etwa 250 Mitglieder an. 1949 wurde aus dem „Casino-Haus" das „Heimat-Haus", wichtiger Veranstaltungsort für Konzerte, Bälle usw.

1927 hatte die Stadt die Feuerwehr in ihre Verantwortung übernommen; bereits ein Jahr später wurde, wie das Foto dokumentiert, die neue moderne Feuerwache in der damaligen Sayner Straße, der heutigen Museumsstraße, eingeweiht. Dies ist nur eine von zahlreichen öffentlichen Baumaßnahmen bzw. versorgungs- und verkehrstechnischen Neuerungen in den zwanziger Jahren, die teilweise bis in unsere Tage hinein Gültigkeit haben.

57

Bauen am äußersten Rand der Innenstadt: ein Beispiel dafür bietet die Gustav-Hobraeck-Straße. 1937 fand die festliche Grundsteinlegung für die hier wachsende Siedlung statt, in der Arbeiter des benachbarten Zementwerkes Dyckerhoff und der Furnierfabrik Gustav Hobraeck ihre Häuser errichteten.

Wo wenige Jahre zuvor noch Felder und Wiesen waren, stehen nun in der Gustav-Hobraeck-Straße kleine, schmucke Häuser, die meisten davon in Fachwerk oder Teilfachwerk errichtet. Im Hintergrund, noch gänzlich ohne Bäume, die Elisabethstraße bzw. der neue Friedhof, der während des 2. Weltkrieges durch Bombenabwürfe verwüstet wurde, heute jedoch wieder zu den schönsten Parkanlagen der Stadt gehört.

6

Der Verkehr rollt an

"Die elektrische Bahn kommt!" Ob das Entsetzen wirklich so groß war, als am 29. Juli 1901 die erste Straßenbahn von Neuwied nach Oberbieber fuhr, darf bezweifelt werden. Ein großes Ereignis, aus dessen Anlaß diese Karte erschien, war es in jedem Falle.

Zu den verkehrstechnischen Verbesserungen, die zu Beginn dieses Jahrhunderts von der Stadt in Angriff genommen wurden, zählte auch die Beseitigung der bis dahin den Verkehr erheblich behindernden Bahnübergänge in der Moltke-, der Blücher- und der Heddesdorfer Straße . Die schienengleichen Bahnübergänge wurden, wie hier in der Heddesdorfer Straße, durch Unterführungen ersetzt.

60

1910 schon Vergangenheit: der ebenerdige Bahnübergang in der Heddesdorfer Straße, um 1902 aufgenommen. Bereits damals bildete sich, wie man sieht, vor geschlossenen Schranken ein regelrechter Verkehrsstau. Die rechtsrheinische Eisenbahnstrecke war 1869/70 eröffnet worden.

Auch durch die Marktstraße führten die Gleise der Straßenbahn. Straßenbahnlinien verbanden die Innenstadt mit Engers, Heimbach, Gladbach, Nieder- und Oberbieber. Eine Strecke nach Leutesdorf wurde begonnen, aber nie beendet. Im Hintergrund: ein Wahlkampfplakat der Nationalsozialisten im Jahre 1932.

Anhänger erlaubten es, mehr Fahrgäste in einer Bahn zu befördern. Als 1950 die Neuwieder Straßenbahn wegen Unrentabilität stillgelegt wurde, übernahmen andere Städte ihre Wagen.

62

Ein Knotenpunkt der Neuwieder Straßenbahnverbindungen war der Moltkeplatz, Anfang der zwanziger Jahre fotografiert. Rechts im Bild: das 1908 erbaute Kreisständehaus, in dem sich heute die Kreisverwaltung befindet.

Mit der Eröffnung der rechtsrheinischen Eisenbahnlinie wurde auch in Neuwied ein Bahnhof erbaut, zwischen der Engerser und der Heddesdorfer Chaussee, aber auf Heddesdorfer Gebiet. Ab 1873 legte man die notwendige Verbindungsstraße von der Hermannstraße, der damaligen Stadtgrenze, bis zum Bahnhof an – die Bahnhofstraße. Links und rechts dieser Straße sollte sich rasch ein ganz neues Wohngebiet entwickeln, mit oft in allen Spielarten wilhelminischer Architektur errichteten bzw. Merkmale des Jugendstils verratenden mehrstöckigen Häusern. Das Foto zeigt den Bahnhof, zu dem die Reisenden auch per Straßenbahn gelangen konnten, zu Beginn dieses Jahrhunderts.

Am 26. Oktober 1950 ging die Neuwieder Straßenbahn zum letzten Mal auf die Strecke. Kriegsschäden und steigender Verkehrsbedarf führten dazu, daß der Betrieb eingestellt und die Straßenbahn durch den O-Bus ersetzt wurde. Am 30. April 1951 verkehrten die ersten O-Busse der Neuwieder Verkehrsbetriebe nach Oberbieber.

64

Selbst wenn in den zwanziger Jahren, der Verkehr noch nicht mit der heutigen Dichte konkurrieren konnte – Unfälle, wie der Zusammenstoß an der Ecke Langendorfer Straße und Friedrichstraße, ereigneten sich auch damals schon.

Luftkreuzer Z. II.

NEUWIED

Nicht unbedingt ein Neuwieder Verkehrsmittel, dafür aber eindrucksvoll vor der Silhouette der Stadt und über einem Schaufelraddampfer auf dem Rhein festgehalten: der Luftkreuzer Z. II., zu betrachten auf einer 1910 abgestempelten Karte.

7

Ein Zentrum des Handels, Gewerbes und der Industrie

Obwohl es schon Kräne gab, die ihre Arbeit schneller verrichteten: auch in den dreißiger Jahren konnte man beim Be- und Entladen von Schiffen nicht auf die „Schärjer" verzichten. Sie waren nicht umsonst eine Art Neuwieder Symbolfigur, der man 50 Jahre später ein von dem Bildhauer Georg Ahrens geschaffenes Denkmal setzte.

Ob bei Eisgang oder Hochwasser – mit Körben oder den typischen einrädrigen Karren bewaffnet, verrichten die Schärjer unentwegt ihre Arbeit, wie auf diesem um 1925 aufgenommenen Foto. Neben dem Schiff, das gerade be- oder entladen wird, hat die Fähre „Neuwied II" festgemacht.

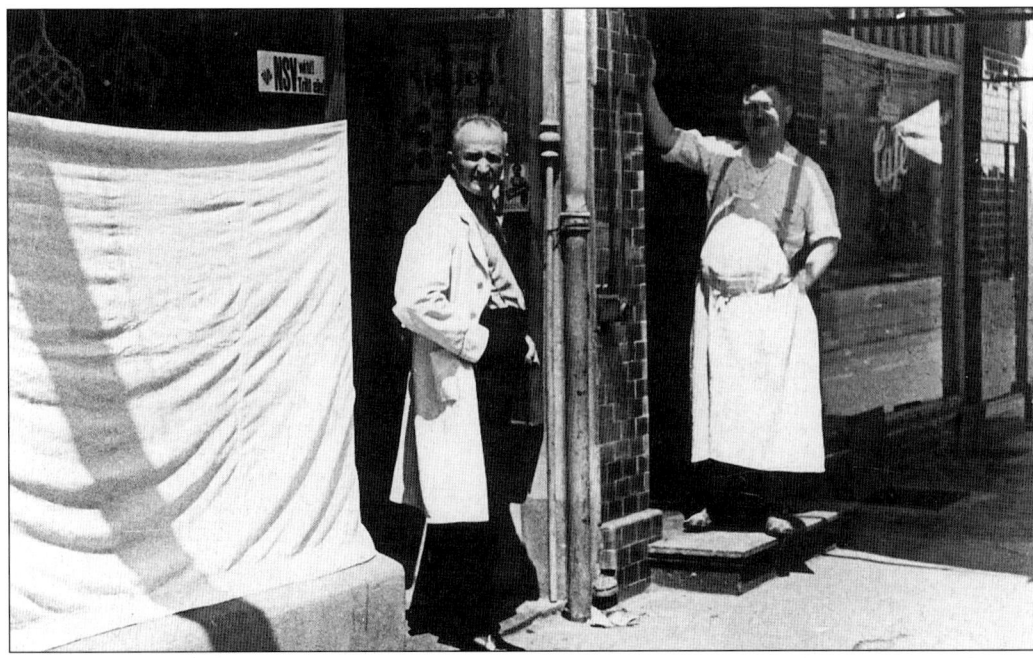

Neuwieder Geschäfte: sie sind, zu allen Zeiten, auch ein Faktor, der entscheidend das Stadtbild prägt, ganz zu schweigen von den Geschäftsleuten, die – ob 1935 oder heute – das Wirtschaftsleben der Stadt mitbestimmen. Immerhin gab es Mitte der zwanziger Jahre in Neuwied 420 Handwerks- und 510 Handelsbetriebe (aus *300 Jahre, S. 259*). Gleich neben dem Friseurgeschäft Emil Wörners in der Marktstraße lud das Café von Bäckermeister Clemens Hilgers zum Besuch ein.

68

Ebenfalls in der Marktstraße befand sich die Feinkosthandlung von Jean Wirtz, der bereits in seinem Schaufenster einen umfassenden Überblick über das Angebot in seinem Geschäft gibt.

Maurer renovieren das Fotogeschäft des „Hofateliers Eisele". Anlaß dazu ist (um 1930) die Übernahme des renommierten Fotoateliers und -geschäfts durch Th. Plaire, dessen Name nun über dem Schaufenster angebracht wird.

Versehen mit blütenweißen Schürzen, Teil der schmucken Berufsbekleidung, haben sich Mitte der zwanziger Jahre Neuwieder Metzgergesellen zum Gruppenfoto postiert.

Vor dem Städtischen Schlachthof, der 1890 erbaut worden war, stellt sich kurz nach der Jahrhundertwende das Personal, darunter Schlachthausvorsteher, Fleischbeschauer und Schlachthausaufseher, mit einem seiner den Neuwiedern später sicher wohlschmeckenden „Opfer" dem Fotografen.

Schon bemerkenswert technisiert: eine Neuwieder Bäckerei, in die uns das um 1930 von F. Menzel aufgenommene Foto einen Einblick gewährt.

Neuwieder Geschäfte und deren Fenster im (ganz unterschiedlich ausfallenden) Zeichen ihrer Zeit. Die opulente Schaufensterbeschriftung der Kolonialwarenhandlung des Mathias Schliefer in der Engerser Straße 23 ist um 1910 unverkennbar vom Jugendstil angehaucht. Zu den Angeboten des Geschäfts zählte u. a. frischgerösteter Kaffee.

Nationalsozialistische Verordnungen hinterließen in den dreißiger Jahren auch in den Neuwieder Geschäften ihre Spuren. Die zahlreichen jüdischen Geschäftsinhaber wurden sehr schnell massiv diskriminiert; zwecks Abgrenzung wiesen sich die anderen eindeutig mit Schildern und NS-Emblem (im linken Schaufenster rechts) als „Deutsches Geschäft" aus, wie das „Kaiser's Kaffee-Geschäft" an der Ecke Marktstraße/Langendorfer Straße.

72

Zum 300. Geburtstag der jungen Stadt Neuwied im Jahre 1953 hat die Eisenhandlung Häß in der Marktstraße ihr Schaufenster festlich dekoriert, wie viele der Neuwieder Geschäftsleute, die an einem aus Anlaß des Jubiläums ausgeschriebenen Schaufensterwettbewerb teilnahmen.

Auch auf der Rückseite der Landesblindenanstalt warb die 1815 gegründete Hofwagenfabrik Philipp Wirtz, „Lieferant seiner Majestät", 100 Jahre später für ihre Produkte. Kutschen jeder Art gehörten, wie der Blick in den Hof zeigt, nach wie vor zum Angebot, ebenso aber schon motorisierte Fahrzeuge. Damit hatte das Unternehmen den Weg vom Chaisenbau zum Autohandel beschritten.

73

1938 hat sich die zahlreiche Belegschaft der vor allem auf Maler- und Tapezierarbeiten speziali-sierten Firma Gantner & Weber zum Gruppenfoto aufgestellt.

Wer hart arbeitet, soll sich auch vergnügen. Die Belegschaft der Neuwieder Kolonialwaren-Großhandlung der Gebr. Falkenburg tat dies 1932 bei ihrem Betriebsausflug, einer Kegeltour nach Burgen an der Mosel.

Was der Belegschaft recht ist, soll den Unternehmern billig sein. Die beiden Neuwieder Unternehmer Theodor Strüder und Friedrich Winckler grüßen 1907 Freunde und Bekannten mit dieser Karte aus ihrem „Kurlaub" in Bad Kissingen, luftig inszeniert von dem im dortigen Café Belle-Vue ansässigen Fotografen Carl Schneider.

Wenn auch Neuwied mangels entsprechender romantischer Szenerien nie zu den Hauptzielen des Tourismus am Rhein gehörte – daß es zu allen Zeiten Reisende – darunter auch Berühmtheiten wie Goethe oder Ann Radcliffe – gab, die in der Stadt für einige Tage Station machten, zeigt u. a. die Existenz renommierter Hotels ab dem 18. Jahrhundert. Eines der ältesten von ihnen, 1734 eröffnet, war der „Wilde Mann" in der Deichstraße, der auf einer 1898 gestempelten Karte kernig-vaterländisch wirbt – in Anspielung auf die Sagen von dem Wilden Mann, der dem Haus den Namen gab und in dieser Darstellung wie eine kuriose Mischung aus Neptun und Bacchus anmutet.

Das „Hotel zum wilden Mann" kurz nach der Jahrhundertwende, mit einer baumbestandenen Terrasse, die den Gästen vor dem Deichbau den direkten Blick auf den Rhein und die Rheinpromenade erlaubte.

76

So präsentierte sich eine Neuwieder Restauration in der gleichen Zeit – möglicherweise handelt es sich um eine Innenaufnahme des „Hotels zum wilden Mann".

Gruss aus der Bierwirtschaft der Brüdergemeine Neuwied a. Rh.

Kaum weniger renommiert und traditionsreich wie das zuvor erwähnte Haus war der rund 50 Jahre später eröffnete Gasthof der Brüdergemeine. Die Karte von 1902 zeigt die zum Gasthof gehörende Bierwirtschaft; seit 1900 betrieb die Brüdergemeine auch eine eigene Brauerei, die 1923 aus religiösen Gründen geschlossen und in eine Mälzerei umgewandelt wurde.

Gruss aus der Bierwirtschaft der Brüdergemeine Neuwied.

Bereits die gediegene Ausstattung der Bierwirtschaft der Brüdergemeine deutet auf das bürgerliche bzw. gutbürgerliche Publikum, das den Gasthof gerne frequentierte.

78

Kochlehrinstitut von C. KÖLL Traiteur

15 jähriger Hofchefkoch s. Durchlaucht d. Fürsten zu Wie

GRUSS aus NEUWIED

Verlag v. R. Fleischbein Aschaffenburg.

Angehende Köchinnen und Köche bildete seit etwa 1880 das Kochlehrinstitut von Carl Köll aus, das zunächst in einem Gebäude in der Schloßstraße, später Im Weidchen untergebracht war. Um Lehrlinge anzuwerben, verweist Koll auf seine 15jährige Tätigkeit als Hofkoch am Fürstlich-Wiedischen Hof.

Neuwied.   Pensionat Billau.   Küche.

Ähnlich wie die Mädchenanstalt der Brüdergemeine wurde auch das Pensionat Billau am Landgerichtsplatz vor allem von jungen, in diesem Fall reisenden Engländerinnen besucht. Das von Ernst Gronemeyer verlegte Foto zeigt die jungen Damen in der Küche des Pensionats.

Villa Knödgen. — Arch. Kleffel
Villa Müller-Dürer.
Arch. Karl Becker — Doppelwohnhaus Kasch & Liebrecht. — Arch. Karl Becker Koblenz.
Villa des Arch. Kleffel.
Villa Dr. E. Kerstein Arch. Kleffel.
Villa Schulrat Otto Hermans Arch. Huch-Grefges.
Villa Baier Arch. Müller.

Rhein. Schwemmsteine haben sich bei diesen Bauten wie stets glänzend bewährt. **Schalldämpfend.** Isolierend. Nagelbar. **Feuersicher.** Leicht. Porös.

Erbaut 1909-1911.

Villen in Oberwert a. Rhein in Schwemmsteinen errichtet.

Wie wichtig gezielte Werbung bereits in den ersten Jahrzehnten dieses Jahrhunderts ist, dokumentieren die folgenden Karten. Fotos von Villen auf dem Koblenzer Oberwerth zeigen repräsentativ die Vorteile des Bimssteins. Welche Bedeutung dieser in den folgenden Jahrzehnten noch ständig anwachsende Wirtschaftszweig hatte, zeigen die Zahlen: 1911 werden 333 Millionen Schwemmsteine produziert; 1938 sind es bereits 1 Milliarde 4-Zoll-Steine, d.h. Steine mit einer Abmessung von 9,5x12x25 cm (aus *300 Jahre, S. 259*), von der Ausweitung der Angebotspalette z. B. durch Stegdielen, Deckenhohlkörper und Hohlsteine ganz zu schweigen.

80

Gleichfalls 1907 gegründet, wirbt die „Bimsdielen-Verkaufsvereinigung" genau mit den zuvor erwähnten neuen Produkten der Schwemmsteinindustrie. Die Vorteile der „Bims-Cement-Dielen" soll das aus ihnen im Stil der Zeit errichtete, seinem Namen offensichtlich Ehre machende „Grand Café Astoria" nachhaltig vor Augen führen.

Wenn auch bims- und eisenverarbeitende Industrie den Schwerpunkt des Neuwieder Wirtschaftslebens bildeten, so ist es doch insgesamt bemerkenswert vielfältig. Im 19. Jahrhundert bzw. in den ersten Jahrzehnten dieses Jahrhunderts werden von Neuwieder Unternehmen u. a. Seife und Kerzen, Gläser und Spiegel, Möbel und Sprengstoffe hergestellt. Dazu kommen im Nahrungs- und Genußmittelbereich Bierbrauereien und Branntweinbrennereien, Kaffeeröstereien, Betriebe für die Schokolade- und Zuckerherstellung und für die Produktion von Zichorien- und Malzkaffee, darunter die Firma Reichard, für deren Produkte hier sogar auf einer 1900 abgestempelten Karte mit Berliner Motiven geworben wird.

81

Bereits Graf Friedrich hatte sich in den ersten Jahrzehnten unmittelbar nach Gründung der Stadt um die Förderung der Eisenindustrie bemüht und nennt in seinem Testament von 1688 als ein wesentliches Projekt ausdrücklich die „Mühle am Rasselstein". Graf Friedrich Alexander macht daraus das „Gräfliche Hüttenwerk zu Rasselstein am Wiedbach"; 1760 wurde das Werk von dem Bendorfer Heinrich Wilhelm Remy zunächst gepachtet und später erworben. Unter seiner Führung sorgten ständige Verbesserungen der Fertigungsmethoden, der Walzverfahren dafür, daß sich der Rasselstein auch während des 19. Jahrhunderts gegen die wachsende englische Konkurrenz behaupten konnte. Unser Foto zeigt Arbeiter des Walzwerks mit ihrem Meister am Beginn unseres Jahrhunderts.

Die Aufnahme aus dem Jahre 1909 belegt den beeindruckenden Umfang des Rasselsteins. Im Hintergrund erkennt man die Wied, die zunächst die „Mühle am Rasselstein" und später lange Zeit auch das Eisenwalzwerk angetrieben hatte. Trotz der schwierigen, durch die Konkurrenz aus Lothringen zusätzlich erschwerte Lage im letzten Drittel des 19. Jahrhunderts expandierte das Werk und führte zu Beginn des 20. Jahrhunderts als erstes in Deutschland ein Heißwalzverfahren zur Feinblechherstellung ein.

82

In enger Beziehung zur Schwemmsteinindustrie entwickelte sich ab 1928 die Zementproduktion. 1928 wurden die Wickingwerke gegründet, die neben Portlandzement auch ein Spezialbindemittel zur Herstellung von Bimssteinen herstellten. Hier werden große Rohre für die Produktionsanlagen angeliefert.

1929 dürfte dieses Foto aufgenommen worden sein, das zeigt, wie ein Mahlrohr zur Zerkleinerung des für die Zementproduktion benötigten Kalksteins installiert wird. Ab 1930 gingen die Wickingwerke in den Besitz der Firma Dyckerhoff Portland-Zementwerke AG über.

1899 errichten Arbeiter die Gebäude für die Seifenfabrik Welcker & Buhler in der Blücher-straße 3. Die Firma wurde Mitte der zwanziger Jahre an die Dreiringwerke verkauft und später geschlossen. Ab den dreißiger Jahren übernahm die 1914 gegründete Werkzeugmaschinen-fabrik Winkler & Dünnebier, die sich zu einem der bedeutendsten Neuwieder Unternehmen im Bereich der Metallverarbeitung entwickelte, die Gebäude.

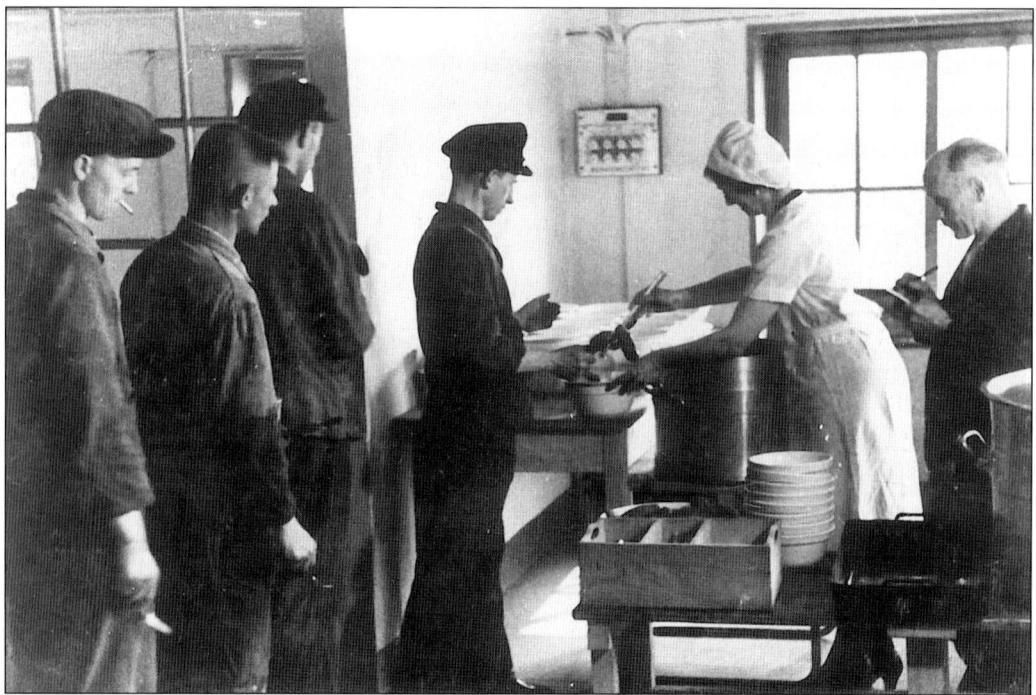

Spezialisiert auf die seit Beginn des 20. Jahrhunderts zunehmend wichtiger werdenden Ver-packungen aus Weißblech hatten sich die am Rhein gelegenen Mauser-Werke. In einer eige-nen Kantine wurden die Beschäftigten – die Aufnahme wurde um 1935 gemacht – verköstigt.

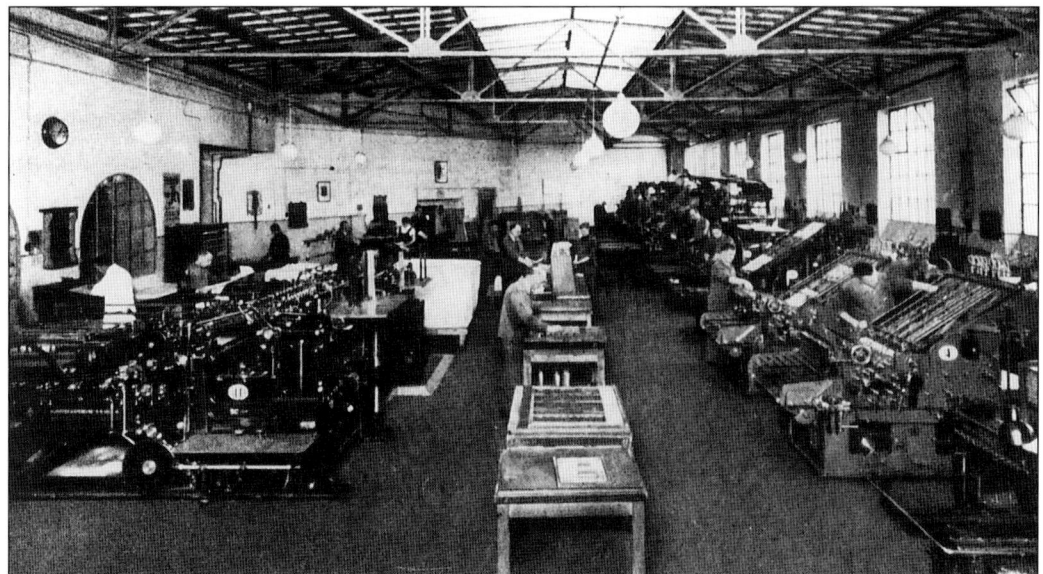

1881 nahm die Raiffeisen-Druckerei ihren Betrieb auf, eine von mehreren überwiegend im 19. Jahrhundert bzw. in den ersten Jahrzehnten dieses Jahrhunderts gegründeten Neuwieder Druckereien, die auch zur Entwicklung eines regen Zeitungs- und Zeitschriftenlebens beitrugen. Ein moderner Maschinenpark gehört schon in den vierziger Jahren dazu, um den Erfolg eines solchen Unternehmens in den Bereichen Buch-, Rotations- und Offsetdruck sowie Buchbinderei zu garantieren.

Daß auch die Holzverarbeitung bzw. Holzbearbeitung im Neuwieder Wirtschaftsleben recht früh einige Bedeutung erlangte, hatte naheliegende Gründe, beispielsweise den Holzreichtum des benachbarten Westerwaldes und die das Holz auf direktem, kostengünstigem Wege anliefernde Rheinflößerei. Eines der größten Unternehmen in der Holzverarbeitung war die Furnierfabrik Gustav Hobraeck KG, die 1910/11 ihre Fabrikation auf dem ehemaligen Gelände der Germaniahütte am Rhein aufgenommen hatte. Hier ein Foto des Unternehmens vom Anfang der fünfziger Jahre (im Hintergrund links der Turm der Markt-, rechts der der St. Matthiaskirche).

Teile für Brücken gehörten zur Produktionspalette der eisen- und blechverarbeitenden Firma Arnold Georg AG. 1877 war sie unter dem Namen Schäffer & Georg als Verzinkerei ins Leben gerufen worden. Drei Jahre später verließ Georg das Unternehmen und gründete einen eigenen Betrieb; der alte wurde als „AG für Brückenbau, Tiefbohrungen und Eisenkonstruktion Neuwied" fortgeführt und 1910 von der „AG für Verzinkerei und Eisenkonstruktion" aufgekauft (aus: *300 Jahre*, S. 453). Auf dem Foto sind Arbeiter in den dreißiger Jahren mit der Herstellung eines Brückenteils beschäftigt.

8

Die Stadt der Kirchen und Schulen

NEUWIED
Evangelische Kirche

Eine Stadt der Toleranz und der Aufklärung, der Kirchen und der Schulen, das war, aus menschlichen und durchaus auch praktischen Gründen, Neuwied von seinen Gründungstagen an, selbst wenn Graf Friedrich III. zunächst das reformierte Bekenntnis zur „vorherrschenden Religion" erklärt hatte. Die 1687 eingeweihte Kirche der Reformierten, die nach dem Brand ihres eigenen Gotteshauses an der Friedrichstraße 1876 auch die Lutheraner nutzten, wurde nach der Vereinigung beider Gemeinden 1880 als zu klein und überdies baufällig abgerissen und 1881/84 durch eine neue Kirche im neogotischen Stil ersetzt.

Der Bedeutung der neuen, aus der Vereinigung noch gestärkt hervorgegangen evangelischen Gemeinde hatten die Erschütterungen des Ersten Weltkrieges nicht dauerhaft schaden können. Im Dezember 1924 wurden die neuen großen Glocken der Marktkirche geweiht.

Bereits 1670 hatte sich in Neuwied auch eine zunächst noch kleine, aber stetig wachsende katholische Gemeinde etabliert, der Graf Friedrich kurz vor seinem Tode, in Ausweitung der zuvor eingeräumten Konzessionen, erlaubte, „auff Ihre Kosten eine eigene Kirche (zu) bauen" (aus: *300 Jahre, S. 373*). 1701 bis 1705 errichtete die Gemeinde an der oberen Marktstraße eine Kapelle, die Ende des 19. Jahrhunderts trotz Erweiterung gleichfalls zu klein und zu baufällig geworden war und die man durch den Neubau der neogotischen St. Matthias-Kirche ersetzte. Grundsteinlegung für den Bau war am 24. April 1899, dem Tag, an dem die Karte gestempelt wurde.

Zur Erinnerung an die Einweihung der St. Matthias-Kirche 1904 erschien diese Karte mit dem Bild der Kirche und den geistlichen Würdenträgern der Zeit. Darunter auch der Pfarrer und Definitor Wilhelm Rademacher, der die angewachsene katholische Gemeinde betreut.

1925, als die katholische Gemeinde fast 9000 Mitglieder zählte, kamen auf dem Güterbahnhof in Neuwied die Glocken für die St. Matthias-Kirche an.

90

Noch fällt der Blick, ungehindert durch den Deich, frei auf die Rheinpromenade, noch, in den zwanziger Jahren dieses Jahrhunderts, ist aber auch die Mennonitenkirche ungeschützt den immer wiederkehrenden Hochwasserfluten ausgesetzt. Recht bald nach der Gründung der Stadt hatten sich aufgrund der freiheitlichen und toleranten Privilegien des Grafen Friedrich III. anderswo verfolgte Wiedertäufer in Neuwied angesiedelt und 1766, ermuntert durch den Grafen Alexander, mit dem Bau ihrer Kirche gleich gegenüber dem Schloß begonnen. Heute befindet sich in der Mennonitenkirche die städtische Galerie.

Eigentum u. Verlag v. Wwe. Gronemayer, Neuwied

Die allen Bekenntnissen, „sie seyen waß Standts oder Religion Sie wollen" (aus: *300 Jahre, S. 390*), gleichermaßen Duldung und Freistatt garantierenden Stadtprivilegien führten im 17. Jahrhundert auch zur Ansiedlung jüdischer Familien, deren Zahl 1739 bereits auf 19 gestiegen war. 1748 wurde am Ende der Engerser Straße, an dem, wie am Ausgang der Luisenstraße, vor allem die Juden wohnten, die auf gräflichen Wunsch hin erbaute Synagoge eingeweiht, die das Foto um 1890 zeigt. Zunächst wurden die jüdischen Kinder in der Synagoge unterrichtet; 1854 zog die als Privatschule begonnene jüdische Schule in den Neubau links neben der Synagoge ein.

1938, in der Reichskristallnacht des 10. November, fiel auch die jüdische Gemeinde in Neuwied dem nationalsozialistisch anbefohlenen Terror zum Opfer. Was Jahrhunderte in Toleranz zum Wohl der Stadt hatten wachsen lassen, zerstörte größenwahnsinnige, menschenverachtende Willkür in einem Augenblick. Die Synagoge wurde nach einem Sprengungsversuch abgerissen. Die jüdische Schule wurde geschlossen. In ihr war ab 1939 das städtische Sozial- und Jugendamt untergebracht.

92

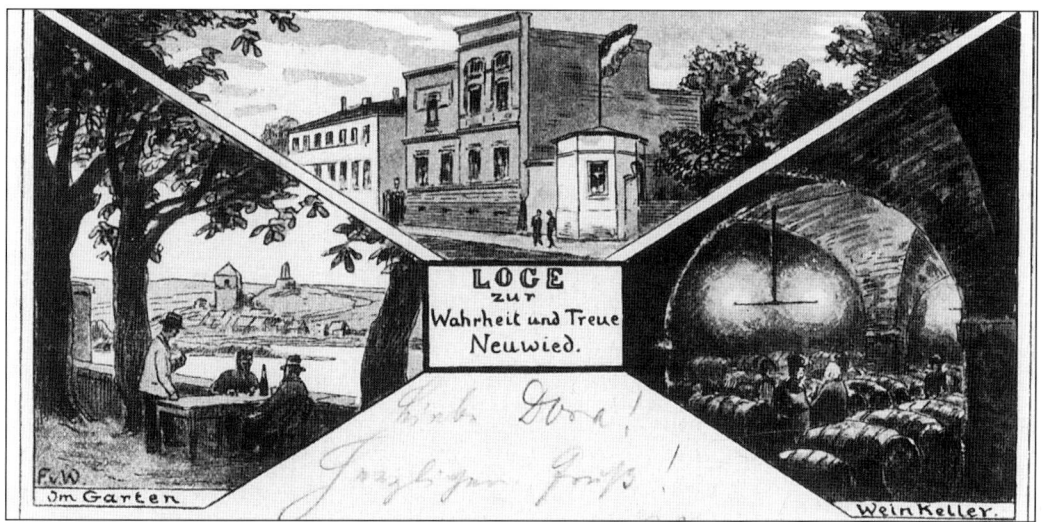

Ein Indiz dafür, wie sehr die Ideen der Aufklärung sich am Wiedischen Hof durchsetzten, ist 1752 auch die Gründung einer Freimaurerloge unter der Schirmherrschaft Graf Alexanders, nach seiner Gemahlin „Caroline zu den drei Pfauen" genannt. Zwar war dieser und der einige Jahrzehnte später begründeten zweiten Loge, der „Altschottischen Meisterloge zur wahren Hoffnung" keine allzu lange Lebensdauer beschieden; die beachtliche Aktivität der Freimaurer dokumentiert dennoch beispielsweise die 1786/87 überregional bedeutsame „Freymaurer-Zeitung", die wegen ihrer politisch-satirischen Angriffslust ihr Erscheinen einstellen mußte. 1882 wurde die neue Loge ins Leben gerufen, „Zur Wahrheit und Treue", die 1891 ihr eigenes Haus in der Pfarrstraße bezog, das diese 1900 gestempelte Karte zeigt.

Der große Saal im Haus der Freimaurerloge, vor 1936 aufgenommen, dem Jahr, in dem die Loge enteignet wurde. Erst nach dem Krieg erhielt sie das Gebäude zurück.

93

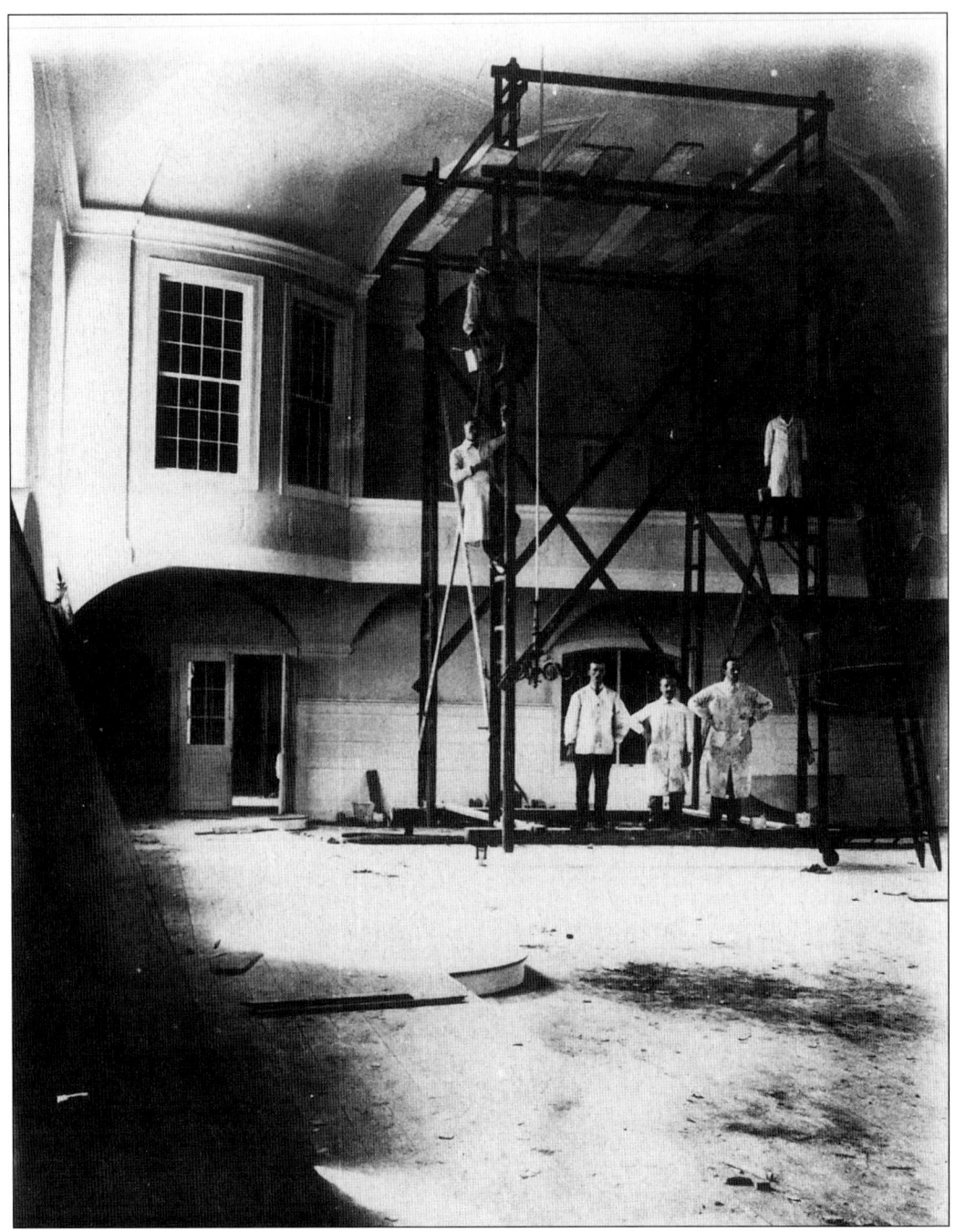

Zu den bedeutendsten Religionsgemeinschaften, die dank der religiösen Toleranz der gräflichen Stadtprivilegien in Neuwied eine neue Heimat fanden, zählt im 18. Jahrhundert auch die Herrnhuter Brüdergemeine. 1750 folgte die Gruppe der Reformierten dem Ruf des Grafen Alexander nach Neuwied. In dem den Herrnhutern zugewiesenen Bereich um die Friedrich-straße entstand 1784/85 die Brüderkirche, ein spätbarocker Saalbau. Nach einem Blitzschlag, der wie ein Symbol harte Zeiten auch für die Herrnhuter Gemeinde ankündigte, wird die Kirche 1933 wieder repariert.

Erheblich zum guten Ruf, ja zum Ruhm der Herrnhuter in Neuwied trug die schon bald von diesen geleistete erzieherische Arbeit bei. Selbst im Ausland sprach sich die gute, christlichen Prinzipien verpflichtete Ausbildung herum, die die Zöglinge in der 1756 eröffneten Knabenanstalt im Geiste Comenius' bzw. die Mädchen in der vier Jahre später gegründeten „Mädchenanstalt der Evangelischen Brüdergemeine" erhielten. Seit 1822 war die Schule in dem Eckhaus Friedrichstraße/Engerser Straße untergebracht. Das Foto zeigt das Schulgebäude nach mehrfachen Erweiterungen 1895.

Schülerinnen der „Mädchenanstalt der Evangelischen Brüdergemeine" posieren vor dem gemeinsamen Fahrradausflug mit ihrem Lehrer für den Fotografen. Unterrichtsziele und -methode waren denen der Knabenanstalt gleich. Gerade auch dieses Bild dokumentiert, daß nicht Zwang und übertriebene Strenge die Erziehung in den Herrnhuter-Anstalten beherrschte, sondern Geduld und Verständnis für die persönliche Eigenart der Heranwachsenden – eine für die Zeit bemerkenswert moderne, von den pädagogischen Idealen der Aufklärung beeinflußte Praxis.

95

Neuwied. Mädchenpensionat der Brüdergemeine. Schulklasse III.

Der Stundenplan sowohl der Knaben- wie der Mädchenanstalt ist breit gefächert; gelehrt werden Religion, Deutsch, Rechnen, Geschichte, Geographie, Singen, Zeichnen, Schreiben, Handarbeit, Klavierspiel, Französisch. Das Foto zeigt eine dritte Klasse des Mädchenpensionats, das sich vor allem auch unter englischen Schülerinnen großer Beliebtheit erfreute, um 1908 beim Unterricht.

NEUWIED, Mädchen-Anstalt — Garten mit Wandelhalle.

Zu den großzügigen Räumlichkeiten, mit denen die Mädchenanstalt im Laufe der Jahre, entsprechend der ständig wachsenden Zahl der Schülerinnen und Pensionärinnen, ausgestattet worden war, gehörten u. a. eine Wandel- und eine Gartenhalle, hinter der Kirche der Herrnhuter Brüdergemeine gelegen und von Ernst Gronemeyer 1910 fotografiert.

96

NEUWIED
Mädchen-Anstalt
Turnhalle.

1874 erhielt die Mädchenanstalt auch eine geräumige Turnhalle, die gleichzeitig als Aula und Festhalle genutzt wurde. Sportunterricht kurz nach der Jahrhundertwende, gerade für Mädchen zu diesem Zeitpunkt durchaus noch nicht selbstverständlich, dokumentiert dieses Foto.

Neuwied   Turnhalle und Turnplatz der Knaben-Anstalt.

Turnhalle und Sportplatz gehörten ebenfalls zur Knabenanstalt, deren erfolgreiche und europaweit renommierte Arbeit nicht zuletzt daran erkennbar ist, daß sie mehrfach wegen der kontinuierlichen Zunahme der Schülerzahl neue größere Häuser beziehen mußte. Insbesondere der Anteil der englischen Zöglinge hatte beständig zugenommen. 1873 besuchten 113 Schüler die Anstalt, 100 (!) davon Engländer. Das änderte sich aufgrund der politischen Situation nach 1900 rasch; der Versuch, die Knabenschule in eine gymnasiale Vorschule umzuwandeln und so ihre Existenz zu sichern, scheiterte. 1912 wurde die Anstalt geschlossen.

97

1868 war das sogenannte „Otto-Haus", benannt nach dem 1854 verstorbenen Bruder Prinzessin Elisabeths (Carmen Sylva), als Isolierstation des Städtischen Krankenhauses erbaut worden. Seit 1875 diente es als Waisenhaus. In dieser Funktion zeigt auch die 1903 abgestempelte Karte das Haus.

Zeitweiliger Nutzer des Otto-Hauses war die Taubstummenschule, die im November 1854 zunächst dem Lehrerseminar – vergleiche die folgenden Fotos – zugeordnet worden war, um den Seminaristen Erfahrung auch im Unterrichten taubstummer Schüler zu ermöglichen. Die Zahl der Schüler (nur sechs zu Beginn) stieg bald; entsprechend mußte die Schule immer wieder neue Unterkünfte beziehen, das Moselhaus, 1876, als „Provinzial-Taubstummenanstalt", das neugebaute Taubstummeninternat in der Bahnhofstraße, später das Otto-Haus und schließlich, 1900, das große Gebäude in der Elisabethstraße, in der sie sich auch heute als Einrichtung für hör- und sprachbehinderte Schüler befindet. Die Karte, sechs Jahre nach dem Einzug der Provinzial-Taubstummenanstalt in das Haus in der Elisabethstraße abgestempelt, zeigt das Gebäude noch im neuen Glanz.

Bereits 1815 bemühte sich Preußen, das bis dahin teilweise arg vernachlässigte Volksschulwesen zu heben. Erste Voraussetzung dafür waren besser ausgebildete Lehrer, deren Ausbildung sogenannte „Pflanzschulen" oder „Seminarien" übernehmen sollten. 1819 eröffnete der erste Leiter, ein Pestalozzi-Schüler, in seiner Wohnung im Roentgen-Haus das Neuwieder Lehrerseminar. 1860 wurde der Bau eines neuen Seminars „an der rechten Seite der nach Engers führen Chaussee" beschlossen, das, wie die „Neuwieder Zeitung" anläßlich der Einweihung 1863 schrieb, „allen Vorübergehenden (verkündet), welchen Werth man in unserem Lande auf die Ausbildung der Lehrer des Volkes legt". (aus: *300 Jahre, S. 435/36*). 1905 richtete man darüber hinaus eine Präparandenanstalt ein, eine Schule, die Anwärter für das Seminar ausbildete. Heute ist im ehemaligen Seminargebäude das Heisenberg-Gymnasium untergebracht.

Absolventen des Seminars stellen sich aus Anlaß der „Mittefeier" 1908 zum Gruppenfoto. Die Ausbildung, die neben der Theorie auch die Praxis umfaßte, dauerte insgesamt drei Jahre.

99

Auch sie beweist, obgleich unter völlig veränderten Aspekten, den besonderen Stellenwert von Schulen in Neuwied: die Fachschule des Lebensmitteleinzelhandels, genannt „Haus für Berufsgestaltung". 1936 wurde sie im Gebäude der ehemaligen Zinzendorfschule in der Friedrichstraße eingerichtet, eine von zahlreichen Neuwieder Berufs- bzw. Fachschulen. Speziell eingerichtete Fachräume erlaubten eine umfassende Ausbildung der angehenden Kaufleute, so eine moderne Lehr- und Versuchsküche, die das Foto kurz nach Eröffnung der Schule zeigt.

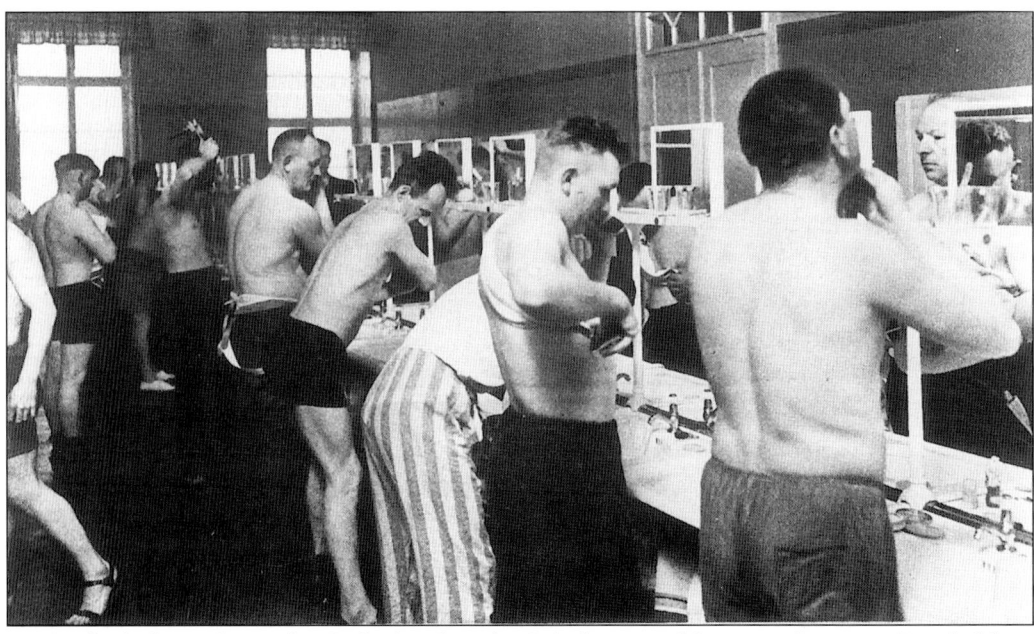

Die Fachschüler wohnten bei Bedarf in dem der Schule angeschlossenen Internat. Reinlichkeit ist insbesondere auch für alle mit Lebensmittel Beschäftigten eine Zier; sie wurde durch großzügige Waschsäle gewährleistet.

100

9

Feste, Sport, Veranstaltungen

Aus der großen Zahl der Feste und Veranstaltungen der vergangenen 100 Jahre, die auf Fotos festgehalten wurden, kann natürlich nur eine kleine Auswahl vorgestellt werden. Von einer im Juni 1898 im Schloß veranstalteten Trachten- und Kostümausstellung – daher auch das fürstliche Wappen und das Bild Prinzessin Elisabeths, der späteren rumänischen Königin – kündet diese Karte.

Ein mit erheblichem Aufwand begangenes Ereignis war im Juni 1887 der Besuch Kaiser Wilhelms II. und Kaiserin Auguste Victorias am Neuwieder Hof. Das Kaiserpaar und sein Gefolge wurden nach dem Durchschreiten der von der Stadt am Rhein errichteten Ehrenpforte von der fürstlichen Familie empfangen.

1909, bei einem Maifest im Schloßpark, verkaufen diese folkloristisch gekleideten Damen Zigarren.

Rheinisch-Wiedisches Künstler-Ensemble „Adsella".
Dir.: Hermann Theobald. St. Adr.: Neuwied a. Rh.

Zu Festen gehörte und gehört die richtige Unterhaltung. Geliefert wurde sie Anno 1910 u. a. von dem Rheinisch-Wiedischen Künstlerensemble „Adsella" mit seinem Dirigenten und Direktor Hermann Theobald.

20 Jahre später hat sich der Jazz allgemein durchgesetzt, auch bei „Charlie Fröhlich's Jazz Band". Als Geiger fungierte Karl Trauzenberg, als Pianist Hans Siebert. Am Schlagzeug: Willi Gibony.

Während der „Neuwieder Woche" im Juli 1932 fand im Bismarckpark, 1895 vom Heddesdorfer Gemeinderat als Vorläufer des heutigen Stadtparks an der Wiedbachstraße angelegt, ein offensichtlich gut besuchtes Gartenkonzert statt. Zu den Einrichtungen dieses Naherholungsgebietes zählten u.a. ein Spielplatz und eine Gastwirtschaft.

Bereits Graf Alexander hatte sich im 18. Jahrhundert bemüht, in Neuwied ein Theater zu etablieren, mit wechselhaftem Erfolg. Seit 1948 ist die Stadt Sitz der 1936 gegründeten, zuvor in Koblenz ansässigen „Landesbühne Rheinland-Pfalz", die ihre Arbeit in Neuwied im Sommer 1949 mit einem Freilichtschauspiel in den Goethe-Anlagen aufnahm. Das Foto zeigt SchauspielerInnen der Landesbühne 1964 in einer Szene von Heinrich von Kleists „Der Prinz von Homburg".

104

Bereits 1906 gab es in Neuwied drei „kinematographische Theater" (aus: *300 Jahre, S. 321*). Neben den „Metropol-Lichtspielen" und der „Schauburg" gehörte das „Capitol" zu den langlebigsten Neuwieder Kinos; das Foto wurde im Vorführraum bei Renovierungsarbeiten, die die Kriegsschäden beseitigen sollten, aufgenommen.

Sport war in Neuwied und insbesondere in Neuwieder Bildungseinrichtungen ein Thema und blieb es die Jahrhunderte hindurch. In der zweiten Hälfte des vorigen und den ersten Jahrzehnten dieses Jahrhunderts trugen zahlreiche Vereinsneugründungen der Sportbegeisterung Rechnung, wie die des 1909 „geborenen" Neuwieder Schwimmvereins. Längst war das Baden und Schwimmen im Rhein nicht mehr verboten, so daß der Schwimmverein seine alljährlichen Schauspringen und -schwimmen hier abhalten konnte, wie dasjenige von 1920. Großen Wert legte der Verein schon in den Anfangsjahren auf den Schwimmunterricht an Schulen.

Mit einem Fluß vor der Haustür ist es kein Wunder, daß sich Ende des vorigen Jahrhunderts gleich zwei Vereine für alle Ruderbegeisterten formierten. 1882 gründete Georg Kolb den Gymnasial-Turn-Ruder-Verein Neuwied (GTRVN), den zweitältesten deutschen Schüler-Ruderverein überhaupt; ein Jahr später erblickte, initiiert von zwölf Freunden des Wander- und Rennruderns, die „Neuwieder Rudergesellschaft" (NRG) das Licht der Welt. An der Wasser-sportbegeisterung der Neuwieder hatte sich auch in den fünfziger Jahren, in die das Foto zu datieren ist, nichts geändert.

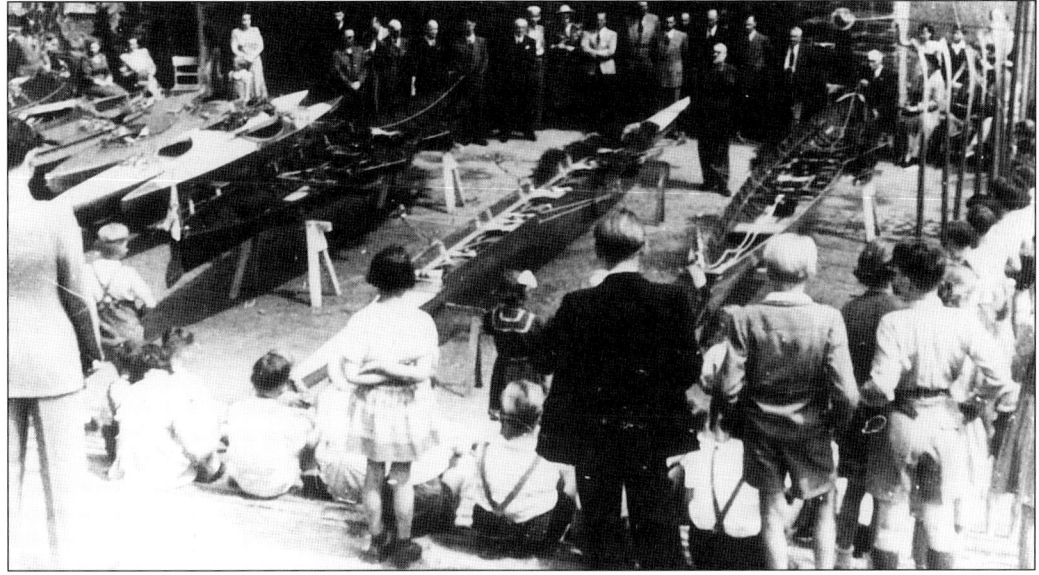

Ein festlicher Tag für die Mitglieder der NRG: eine Bootstaufe in den fünfziger Jahren, vollzogen vor dem Bootshaus der Gesellschaft, das 1908 fertiggestellt worden und nach den Beschädigungen des Zweiten Weltkriegs wieder erneuert worden war.

Anhänger des Reitsports gründeten 1925 einen Reiterverein. Sein erster Vorsitzender und zugleich Reitlehrer war Fürst Friedrich zu Wied. Das Foto zeigt Mitglieder des Vereins in den ersten Monaten seines Bestehens. Nach 1933 wurde der Verein aufgelöst und 1952 wieder neu gegründet.

1908 wurde der Neuwieder Tennis-Club ins Leben gerufen. Das Bild zeigt um 1950 Mitglieder des Clubs beim Match auf den clubeigenen Tennisplätzen in der Nähe des ehemaligen Lyzeums, des heutigen Rhein-Wied-Gymnasiums.

In der Zeit unmittelbar nach dem Zweiten Weltkrieg war Neuwied einige Jahre lang eine regelrechte Hochburg des Motorsports. Seit 1946 zog hier alljährlich das Motorradrennen „Quer durch Neuwied" Hunderttausende von Zuschauern an. 1950 wurde das Rennen wegen der Gefährlichkeit der zu bewältigenden Kurven verboten.

Ursprünglich ein Heddesdorfer Volksfest, wurde aus der Pfingstkirmes ein allgemeines Neuwieder Ereignis. Veranstaltungsort war auch in den dreißiger Jahren die „Kirmeswiese", Teil der ehemaligen „Heddesdorfer Kuhweide", einer Gemarkung, die, wie der Name schon andeutet, vornehmlich der Rinderzucht diente.

Wie es sich für eine Stadt am Rhein gehört, spielt natürlich auch die fünfte, die närrische Zeit eine beachtliche Rolle im Neuwieder Veranstaltungskalender, wie die folgenden Fotos beweisen. Selbst wenn das benachbarte Heddesdorf laut „Allerhöchster Cabinetsordre Seiner Majestät" am 14. Mai 1904 als erste Gemeinde in die Stadt eingemeindet wurde, behielt es doch noch jahrzehntelang seinen eigenen Karnevalszug. Bei der Gestaltung der Wagen geht es auch Ende der Zwanziger einigermaßen beziehungsreich zu, u. a. mit der Pappmaché-Version eines Junkers-Flugzeuges.

110

Das Närrischsein läßt man sich selbst in der unmittelbaren Nachkriegszeit nicht verderben. Auch 1949 zieht ein Rosenmontagszug durch die Straßen von Neuwied, z.B. hier die Marktstraße. Der Wagen der Zugleitung trägt zeitgemäß noch das Kennzeichen der französischen Besatzungszone; zehn Jahre später thematisiert beim Rosenmontagszug eine Fußgruppe nachbarschaftliche Querelen zwischen Neuwied und Andernach.

Eine junge Stadt begeht festlich ihren Geburtstag; 1953 feiert die Stadt ihr 300jähriges Bestehen mit einer Vielzahl von Veranstaltungen. Eine davon ist der Festzug durch die Straßen der Stadt, an dem sich Institutionen, Vereine und Geschäfte aus Neuwied und aus ganz Rheinland-Pfalz beteiligen. Stilgerecht tut dies die Neuwieder Firma Jaspers mit einem 1953 „geborenen" Tempo-Dreirad-Lieferfahrzeug; auf das internationale Renommee ihres Namenspatrons verweist die Raiffeisendruckerei.

Für einen weinseligen Schlüssel zum Himmelreich wirbt der Festwagen aus Zell an der Mosel; ebenfalls am Festzug beteiligt ist die Fußgruppe der Malerinnung. Festwagen und Fußgruppe wurden vor der Glashandlung Jechel in der Marktstraße aufgenommen.

Ein weiterer Programmpunkt der Geburtstagsfestlichkeiten war der V. Rheinisch-Nassauische Bauerntag, verbunden mit einer Landwirtschafts-, Industrie- und Gewerbeausstellung auf der Kirmeswiese. Zahlreiche Unternehmen stellten sich und ihre Produkte hier vor – gleichgültig, ob es sich um Futtermittel für besonders prächtig gedeihende Schweine oder Stalleinrichtungen handelte.

114

10

Aus dem Familienalbum der Stadtgründer

Schloss Neuwied — Wilhelms-Palast

Erinnerung an den Einzug des hohen Neuvermählten Erbprinzl. Wied'schen Paares am 10. November 1898 in Neuwied.

Daß Neuwied von demjenigen Geschlecht, dem es seine Gründung verdankt, den Grafen, später Fürsten zu Wied sein Wappen übernahm, daß der Pfau, das Wappentier derer zu Wied, zum Symboltier der Stadt wurde, dokumentiert augenfällig die über Jahrhunderte hin andauernde enge Bindung zwischen Stadt und Grafen- bzw. Fürstenhaus. Ein Buch über Neuwied wäre deshalb nicht vollständig ohne wenigstens einen kleinen Blick ins fürstliche Fotoalbum. Die abgebildete Karte erschien anläßlich des Einzugs des Erbprinzen Friedrich zu Wied und der Prinzessin Pauline von Württemberg am 10. November 1898 ins Schloß. Graf Friedrich Wilhelm zu Wied, Sohn des Stadtgründers Graf Friedrich III., hatte es 1707 zu bauen begonnen; in den folgenden Jahrhunderten war es immer wieder erweitert und verändert worden.

I. K. H. Prinzessin Pauline von Württemberg auf der Fahrt zur Trauung am 29. Oktober 1898.

Eine mehrspännige Kutsche bringt Prinzessin Pauline von Württemberg, die Tochter des letzten württembergischen Königs, am 29. Oktober 1898 zu der Trauung mit Erbprinz Friedrich zu Wied in die noch junge, 1884 vollendete Marktkirche.

Prinzessin Pauline (1877-1965) im Einspänner, etliche Jahre nach der Hochzeit. Die Prinzessin war, ähnlich wie ihr Mann, Fürst Friedrich, der 1925 den Neuwieder Reiterverein mitgegründet hatte und dort als Reitlehrer fungierte, ausgesprochen pferdebegeistert.

Am 19. Juni 1897 stattet Kaiser Wilhelm II. mit seiner Gemahlin Neuwied einen Besuch ab. Das Foto zeigt den Kaiser (im Wagen links, rechts neben ihm Fürst Wilhelm zu Wied) bei der Einfahrt durch das Tor zum Schloßvorplatz. Die Neuwieder Schützengesellschaft steht Spalier (rechts im Bild).

117

Die fürstliche Yacht „Aluminia", um 1902 aufgenommen. Nomen war in diesem Fall tatsächlich Omen, hatte der Fürst zu Wied sein Schiff doch, dem neuesten technischen Stand entsprechend, aus Aluminium bauen lassen. Ganz zeitgemäß zeigte sich übrigens auch Prinzessin Pauline einige Jahrzehnte später, als sie für das wiedische Erbprinzenpaar Hermann und Maria Antonia ein Fertighaus bestellte, das ebenfalls in wesentlichen Teilen aus Metall gefertigt wurde – das „Kupferhaus" in Dierdorf.

Fürstliche Kaffeetafel vor Schloß Monrepos. Graf Alexander hatte das Schloß zwischen 1757 und 1767 als sommerliches Jagd- und Lustschloß erbauen lassen. Durch Kriegszerstörungen unbewohnbar geworden, wurde Monrepos 1969 gesprengt. Das von Hermann Koch 1873 aufgenommene Foto zeigt, von links nach rechts: Friedrich Prinz der Niederlande mit seinem Enkel Fritz; Maria Fürstin zu Wied, geb. Prinzessin der Niederlande; Elisabeth, Königin von Rumänien, geb. zu Wied (Carmen Sylva); Fürst Wilhelm zu Wied; König Karl (Carol) von Rumänien; Marie, Fürstin zu Wied mit ihrer Enkelin Itty, einer Prinzessin von Rumänien.

118

Carmen Sylva mit ihren beiden Nichten, Prinzessin Elisabeth und Prinzessin Luise. Die beiden jungen Prinzessinnen weihen gerade das Geschenk ein, das sie von ihrer Tante 1893 erhalten hatten, eine als Küche eingerichtete, fahrbare Wanderhütte.

Prinzessin Elisabeth zu Wied, Königin von Rumänien (1843-1916). Das Foto zeigt Elisabeth ein Jahr vor ihrem Tod am 2. März 1916. Nur zwei Jahre überlebte Elisabeth ihren Gemahl, König Carol von Rumänien (Karl von Hohenzollern), den sie am 15. November 1869 in Neuwied geheiratet hatte. Am 29. Dezember 1843 in Schloß Monrepos geboren, das sie zeit ihres Lebens lieben und in das sie immer wieder zurückkehren sollte, bezeichnete sich Elisabeth selbst als „Kind des Waldes" und leitete aus diesem Gefühl ihren Künstlernamen als Dichterin ab, „Carmen Sylva": „Carmen das Lied und Sylva der Wald, / Von selbst gesungen das Waldlied erschallt, / Und wenn ich im Wald nicht geboren wär, / Dann säng ich die Lieder schon längst nicht mehr."

120

11

Eine Stadt wächst

Seit den Gründungstagen ist der Einzugsbereich Neuwieds kontinuierlich gewachsen; die 1968 eingeläutete Verwaltungsreform bot die gesetzliche Grundlage für die Eingemeindung der Nachbarorte, die das Stadtgebiet erheblich ausweitete. Den Anfang machte 1969 die Eingemeindung von Irlich, das im Laufe seiner beinahe 1000jährigen Geschichte schon öfter als einmal den Herren wechseln mußte. Das Foto von 1908 zeigt das Irlicher Rheinufer (rechts unten die abgetrennte Wied und der Hammergraben), an dem vor dem Bahndamm Salmwippen und Netze darauf verweisen, daß um diese Zeit noch rege Fischfang im Rhein betrieben wird.

Ein Wachkommando ist während des Ersten Weltkriegs aufgezogen, um die Irlicher Wied-
brücke vor der Zerstörung zu bewahren.

Hochwasser zerstörten immer wieder die
Brücken über die Wied; im Februar 1909
fiel den Fluten auch die Irlicher Eisen-
bahnbrücke zum Opfer.

Altwied bei Neuwied.   Burgeingang.

Durch die „ahl Porz", das Haupttor der den Ort nach außen hin abschließenden Befestigungs-anlagen, muß immer noch gehen, wer Altwied betreten will, heute wie vor 90 Jahren, als dieses Foto aufgenommen wurde. Die mehrfach gestaffelten Mauern waren Teil des Befestigungs-systems der Burg, deren Anfänge bis in das 12. Jahrhundert zurückreichen. Dies war der Stammsitz des ersten Grafen von Wied, „Meffridus comes de Widhe", wie ihn eine Trierische Urkunde von 1129 nennt. 1909 sind links an das „Neuwieder Tor", wie seine offizielle Bezeich-nung lautete, noch einige Häuser angebaut.

Im März 1929 hat sich das dicke Treibeis auf der Wied zwischen Altwied und der benachbarten Laubachsmühle bis auf die durch das Tal führende Straße geschoben. Arbeiter sind damit beschäftigt, die Straße wieder freizuräumen.

123

Im Innenhof der Burg von Altwied, die bis 1690 von einzelnen Mitgliedern der Grafenfamilie bewohnt wurde, bevor sie langsam verfiel, veranstaltete der Heimatbund Altwied von 1935 bis 1939 Freilichtaufführungen mit Szenen aus der Geschichte der Grafen zu Wied. Das Foto aus dem ersten Jahr der Aufführungen zeigt die Szene, in der es um die Verleihung der Stadtrechte für Engers geht.

In den ersten Jahrzehnten dieses Jahrhunderts war Oberbieber wegen seiner idyllischen, waldreichen Lage eine beliebte Sommerfrische, die von Neuwied aus bequem per Straßenbahn erreichbar war. Von der sich entwickelnden touristischen Infrastruktur legt der repräsentative „Wiedische Hof" Zeugnis ab; ab 1928 machte ein Freibad den Besuch Oberbiebers noch attraktiver.

Auch sie dokumentiert die Ambitionen Oberbiebers als Sommerfrische: die „Kurkapelle Oberbieber", die unter der Leitung von Musikdirektor Knirsch allerdings nur recht kurze Zeit, von 1921 bis 1923, existierte und dann aus Kostengründen wieder eingestellt wurde.

An der Stelle des 1226 erstmals urkundlich erwähnten Herrenguts Nordhausen entwickelte sich bereits ab den dreißiger Jahren des 19. Jahrhunderts ein gleichfalls beliebtes Ausflugsziel. Neben dem Schießstand der Neuwieder Schützengesellschaft entstanden ein weitläufiger Park mit verschiedenen Vergnügungseinrichtungen und ein Hotel mit Restaurant, das Parkhotel Nodhausen, festgehalten auf einer 1907 abgestempelten Ansichtskarte.

126

Die Burschen des Dorfes holen in den dreißiger Jahren dieses Jahrhunderts in Niederbieber die Kirmesbäume ein. Funde aus der römischen und fränkischen Zeit, darunter die berühmte Reiterstandarte in Form eines Drachens, belegen die kontinuierliche Besiedlung des Ortes, der in der jüngeren Geschichte Amts- und Verbandsgemeindesitz war, bevor er im Zuge der Verwaltungsreform Neuwied eingemeindet wurde.

Gleichfalls ein traditonsreicher Kirmesbrauch ist der Heddesdorfer Pfingstritt. Alljährlich machen sich Mitglieder des Heddesdorfer Burschenvereins nach Rommersdorf und Engers auf, um dort – mittlerweile allerdings in eher übertragener Form! – jahrhundertealte Rechte geltend zu machen. Sie holten den Tribut ein, den das Kloster bzw. die Stadt Heddesdorf zu entrichten hatten, als Gegenleistung für Schafweiderechte.

Wie Niederbieber war auch Heddesdorf ursprünglich römisches Kastell; die allgemeine Entwicklung Neuwieds und Heddesdorfs hatte beide Orte schon Ende des vergangenen Jahrhunderts so dicht zusammenwachsen lassen, daß bereits 1904 Heddesdorf der benachbarten Stadt eingemeindet wurde. In dieser Zeit ist auch das Foto entstanden; vor der Gastwirtschaft „Zur Krone" in der Heddesdorfer Straße werden Bierfässer abgeladen. Gegenüber dem Gasthof lag das Raiffeisen-Direktorwohnhaus, in der jüngeren Vergangenheit Sitz des Neuwieder Standesamtes.

128